jessy SEWING

Jessica Reschke

JERSEY BASICS nähen

Einfache Schnitte
von Größe 32 bis 56

Mit **SCHNITT-MUSTERN** für T-Shirt, Kleid, Jacke & Hose

CV

VORWORT

Dieses Buch ist für ALLE Frauen gedacht – ganz gleich ob klein, groß, schlank oder kurvig, Powerfrauen, Mamas, Omas, Schülerinnen, Studentinnen, Hausfrauen, Businessladies ...
Trau dich, näh für dich!

Einfache Schnitte mit vielen Optionen, modern und gut untereinander kombinierbar. Ob edel und schick zur nächsten Feier, sportlich in der Freizeit oder seriös im Büro. Wähle aus den unzähligen Variationsmöglichkeiten.

Moderne Kleidung, einfach selbst genäht und dadurch in jeder Größe gut gekleidet. Die Grundschnitte und Grundanleitungen sind alle anfängertauglich. Fortgeschrittene Näher können sich nach Lust und Laune mit den zahlreichen Optionen, Varianten und Add-Ons so richtig austoben.

Ganz viel Freude mit den Schnitten und deinen neuen Lieblingsstücken!

INHALT

WAS DU WISSEN SOLLTEST ...

Grundausstattung

- Nähmaschine/Overlockmaschine
- Nähgarn in passenden Farben
- Maßband und Handmaß
- Schnittmusterpapier/-folie und Stift
- Schneiderkreide, Markierstift
- Schneiderschere und kleine Fadenschere
- Stecknadeln oder Stoffklammern
- Bügeleisen und Bügeltuch

Modellgrößen

Orientiere dich an deiner üblichen Konfektionsgröße. Meine Schnitte sind auf 169 cm Körpergröße ausgelegt. Bist du viel größer oder kleiner, kannst du die Längen natürlich gerne einfach anpassen. Bauchbündchen sollten vor dem Annähen anprobiert und ggf. individuell angepasst werden.

Größenanpassung bei Schwangerschaft: Viele der Modelle (zum Beispiel das Kleid mit gerafften Rockteil oder das Hoodiekleid) lassen sich auch ohne Veränderung in der Schwangerschaft gut tragen. Wenn du zum Ende der Schwangerschaft doch einen Schnitt anpassen möchtest, reicht es oft, die Taille höher zu legen, bzw. das Oberteil beim Kleid leicht zu kürzen.

Schnittmuster & Zuschnitt

Auf den zwei Schnittmusterbögen (vorne & hinten) findest du alle Schnittteile für die verschiedenen Schnittmuster. Füge beide Bögen zusammen und übertrage deine Größe auf Transparent-/Schnittmusterpapier und schneide dann die Schnittteile aus. Dabei ist es wichtig, auch Markierungen, wie Knipse, mit zu übernehmen. Einige Schnittteile können für verschiedene Schnitte genutzt werden und auch Kombinationen sind möglich. In den Anleitungen findest du jeweils die Grundanleitung für ein Modell.

Maßtabelle

Größe	32	34	36	38	40	42	44
Brustumfang	78–81	82–85	86–89	90–93	94–99	100–105	106–111
Hüftumfang	85–89	90–94	95–97	98–101	102–108	109–114	115–120

Größe	46	48	50	52	54	56
Brustumfang	112–117	118–123	124–129	130–135	136–141	142–147
Hüftumfang	121–126	127–132	133–138	139–144	145–150	151–156

Die **Naht- und Saumzugabe** ist bei den Schnitten in diesem Buch **nicht enthalten** und muss zugegeben werden. Für Saumzugaben empfehle ich mindestens 2,5 cm und Nahtzugabe entsprechend deiner gewählten Stichbreite (Overlock 7 cm/Nähmaschine 1 cm).
Übertrage die Schnittteile dann auf die linke Seite des Stoffes. Beachte dabei, dass bei den Schnittteilen keinerlei Naht- und Saumzugaben enthalten sind. Diese kannst du ebenfalls auf dem Stoff einzeichnen oder beim Zuschnitt beachten.

QR-Code

Alternativ zu den im Buch enthaltenen Schnittmusterbögen, kommst du mit diesem QR-Code auch zu den einzelnen Schnitten bzw. Schnittsammlungen, die du herunterladen, ggfs. plotten lassen oder sogar zum „Nähen mit Beamer" nutzen kannst. Du findest jeweils eine Version in DIN A0 sowie in DIN A4, sodass du dir den Schnitt auch ganz bequem zu Hause ausdrucken kannst. Das Passwort ist „Bluebell", der Modellname auf Seite 25.

Stoff

In diesem Buch dreht sich alles um dehnbare/elastische Stoffe wie zum Beispiel Baumwoll-/Viskose-/ oder Modaljersey, French Terry und Sweatstoff. Die Modelle sind speziell für diese Qualitäten ausgelegt. Aufgrund der vielen verschiedenen Schnittteil-Optionen und Add-ons kann hier keine Materialmenge angegeben werden. Lege die Schnittteile daher aus – orientiere dich dabei an den Lageplänen – und ermittle so die benötigte Stoffmenge. **Beachte:** Die Schnittteile enthalten keine Naht- und Saumzugaben!

Jersey

... ist der Überbegriff für gestrickte oder gewirkte Maschenware aus **Viskose** oder **Viskosemischungen, Modal, Wolle** oder **Wollmischgarnen, Baumwolle** oder **Seide**. Jerseystoffe tragen sich angenehm, ermöglichen Bewegungsfreiheit, behalten aber trotzdem ihre Form. Aufgrund unterschiedlicher Herstellungsverfahren unterscheidet man:

Single-Jersey: Bei diesem Maschenstoff befindet sich die rechte Seite aller Maschen auf der einen Warenseite und die linke Seite der Maschen auf der anderen Warenseite. Es gibt Single-Jersey mit und ohne Elasthan-Anteil.

Double-Jersey: Dieser, etwas robustere, Maschenstoff hat in einer Maschenreihe sowohl rechte als auch linke Maschen, auf beiden Warenseiten gibt es somit rechte Maschenstäbchen. Da diese optisch hervortreten, erscheint auf beiden Warenseiten das gleiche Maschenbild. Erst wenn der Stoff gedehnt wird, zeigen sich die linken Maschen unter den rechten.

Interlock-Jersey: Ergibt sich aus der Kombination zweier 1/1 Rippenlagen, wobei die rechten Maschen beider Lagen einander gegenüberstehen und außen liegen; die linken Maschen liegen sich innen im Gestrick gegenüber. Beide Warenseiten sehen von außen gleich aus und zeigen bei einem sehr geschlossenen Warenbild nur rechte Maschen.

French Terry: Ist ein einlagig gewirkter Stoff, etwas dicker und schwerer als Single Jersey, auf dessen Rückseite ein weicher Futterfaden schlingenförmig mitgeführt wird. Er lässt sich gut verarbeiten, hat meistens einen hohen Baumwollanteil und einen kleinen Elasthan-Anteil.

Sweatstoff: Ist ein einlagig gewirkter Stoff, etwas dicker und schwerer als French Terry, auf dessen Rückseite ein weicher Futterfaden schlingenförmig mitgeführt wird. Dieser wird dann aufgeraut und bildet so eine flauschige Innenseite. Es gibt ihn sowohl in reiner Baumwolle als auch mit unterschiedlich hohem Elasthan Anteil.

Bündchenware: Bei dieser Webstrickware treten in einer Maschenreihe sowohl rechte als auch linke Maschen auf.

Es gibt 1/1 Rippenware oder 2/2 Rippenware in unterschiedlichen Strukturen. Bündchenstoff ist in Querrichtung sehr dehnfähig, eignet sich daher ideal für Hals- und Ärmelabschlüsse. Es lassen sich jedoch auch ganze Kleidungsstücke daraus nähen, wie zum Beispiel ein Hipster-Beanie. Da die Elastizität bei Bündchenware sehr unterschiedlich ist, muss hier die Weite kontrolliert und ggf. angepasst werden.
Hinweis: Die Bündchen-Schnittteile in diesem Buch sind auf Single-Jersey ausgelegt. Möchtest du Bündchenware verwenden, muss auf jeden Fall gekürzt werden.

Tipps für die Verarbeitung von Jersey

- Der Stoff sollte immer vorgewaschen werden, um ein späteres Einlaufen zu verhindern.
- Nutze Stoffklammern, da spitze Stecknadeln eventuell die Maschen beschädigen würden und sich dadurch kleine Löcher bilden können.
- Jersey muss nicht zwingend versäubert werden, die Kanten legen sich aber versäubert besser an und der Stoff rollt sich nicht ein.
- Je dünner ein Jersey-Stoff, desto schwieriger lässt er sich verarbeiten. Besonders gut lässt er sich mit einer der Overlockmaschine nähen, alternativ kannst du den dreifachen Zickzackstich (durchbrochener Zickzackstich) oder den Overlockstich deiner Nähmaschine verwenden.
- Nutze sowohl für Overlock- als auch bei der Nähmaschine eine „Jerseynadel" bzw. „Stretchnadel". Diese haben zum Schutz der Maschen eine abgerundete Spitze.
- Führe den Stoff beim Nähen immer locker und ohne Zug.
- Falls sich Nähte wellen, kann ein Obertransportfuß hier Abhilfe schaffen.

Grundlegende Begriffe

Absteppen: Naht entlang einer Kante, um diese zu stabilisieren.

Beleg: Formgleiches Gegenstück von Ausschnitten und Kanten. Er dient der Versäuberung oder Verstärkung.

Bündchen: Taillen- oder Ärmelabschluss. Das zugeschnittene Rechteck wird zum Ring geschlossen und unter Dehnung angenäht. Du kannst hierfür Bündchenware verwenden oder aber auch den Hauptstoff (Jersey). Bündchenware ist deutlich elastischer.

Elastischer Stich: Das kann z. B. ein durchbrochener Zickzackstich oder ein Overlockstich sein. Wird benötigt, damit bei elastischen Stoffen die Nähte nicht reißen, wenn sich der Stoff dehnt.

Fadenlauf: Der Fadenlauf ist die Richtung, in die der Stoff gestrickt oder gewirkt wurde. Er verläuft immer parallel zur Stoff- bzw. Webkante. Maschenware besteht aus ineinandergreifenden Schlingen, den Maschenstäbchen. Die senkrechten Schenkel der rechten Maschenstäbchen entsprechen dem Fadenlauf. Beim Zuschneiden werden die Schnittteile immer so aufgelegt, dass der Fadenlauf parallel zu Stoffkante liegt.

Knips: Wichtige Markierungspunkte, die helfen, dass Schnittteile deckungsgleich aufeinanderpassen oder um wichtige Punkte anzuzeigen (z. B. Falten).
Dafür jeweils laut Schnitt einen kleinen Einschnitt von 3 mm innerhalb der Nahtzugabe machen.

Linke Stoffseite: Die „nicht schöne" Stoffseite, die beim fertigen Teil meistens innen liegt.

Nahtzugabe: Der Abstand zwischen Naht und Schnittkante.

Overlock(maschine): Näht mit flexibler Naht, schneidet und versäubert die Stoffkante in einem Arbeitsgang.

Raffen/Kräuseln: Notwendig, um eine gewünschte Mehrweite einzuhalten. Raffen bzw. Kräuseln kannst du auf verschiedene Weise: Entweder mit Framilon bzw. Gummiband. Beides wird mit einem langen Geradstich unter Dehnung auf den Stoff genäht. Dadurch kräuselt sich dieser. Oder du kräuselst mit der Overlock, mit der Nähmaschine oder per Hand.

Tipp: Du findest dazu zahlreiche Tutorials im Internet oder sogar in der Bedienungsanleitung deiner Nähmaschine.

Rechte Stoffseite: Die „schöne" Stoffseite, die beim fertigen Teil meist außen liegt.

Rechts auf rechts: Beide Stoffteile liegen mit ihren „schönen" Seiten aufeinander.

Saumzugabe: Die Mehrlänge an der Kante (z. B. an der unteren Kante eines Rockteils), die eingeschlagen wird.
Säumen: Die umgeschlagene Saumzugabe feststeppen oder aber auch eine Kante mit Rollsaum versäubern.

Stoffbruch: Bruchkante, die entsteht, wenn der Stoff doppelt gelegt wird.

Versäubern: Ist bei Jersey nicht zwingend nötig, da der Stoff nicht ausfranst – oftmals sieht eine versäuberte Kante aber innen besser aus und legt sich auch besser an, da sich die Schnittkanten dann nicht mehr einrollen können.

Wenden/Verstürzen: Das Genähte wird auf die schöne Seite umgedreht.

BASIC-ANLEITUNGEN

HALSBELEG *Schnittteile Nr. 106 oder Nr. 114 & Nr. 115*

1 Wähle die passenden Schnittteile für den Halsbeleg aus. Einen Halsbeleg für den vorderen Halsausschnitt und einen für den hinteren Halsausschnitt. Die zwei Halsbelege rechts auf rechts legen und die Schulternähte schließen.

2 Den Halsbeleg rechts auf rechts an den Halsausschnitt stecken.

3 Kanten zusammennähen, Nahtzugaben an der Spitze und mehrmals entlang der Rundung bis kurz vor die Naht einschneiden.

4 Den Beleg umklappen, sodass er links auf links zum Oberteil liegt, den Nahtbruch flach bügeln. Es ist von Vorteil, den Beleg knapp neben der Schnittkante festzusteppen, damit er beim Tragen nicht hochklappt.

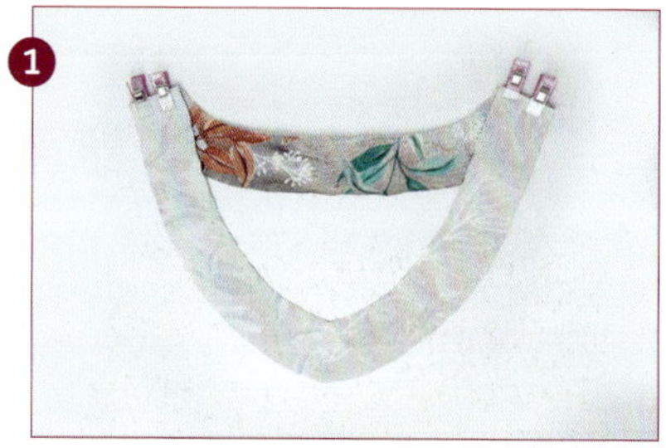

BAUCHBÜNDCHEN *Schnittteil Nr. 102*

1 Die zwei Bündchenteile rechts auf rechts aufeinanderlegen und an den Seiten zusammennähen. Das Bündchen wird hier aus dem Hauptstoff genäht.
Beachte: Die Weite ist dabei abhängig von der Elastizität des Stoffes. Verwendest du Bündchenware muss das Bündchen in der Breite angepasst (also gekürzt) werden.

2 Das Bündchen dann an den langen Kanten links auf links falten.
Tipp: Jetzt das Bündchen einmal anprobieren. Sollte es zu weit sein, kannst du das nun noch korrigieren und enger nähen. Auch ein Gummi kann eingezogen werden.

3 Das Bündchen mit den offenen Kanten rechts auf rechts an die obere Kante des passenden Teiles stecken, sodass die Bündchennähte jeweils auf die Seitennähte treffen. Nun das Bündchen unter Dehnung annähen.

AUFSATZTASCHE *Schnittteile Nr. 104 oder Nr. 113*

1 Die Tasche mit Nahtzugabe zuschneiden.
Tipp: Auf die linke Stoffseite kann im Bereich des oberen Umschlags ein Streifen Einlage gebügelt oder/ und Nahtband ringsherum im Bereich der Nahtzugabe aufgebügelt werden. Dieses stabilisiert den Jersey.

2 Den oberen Rand, entsprechend der Markierung, umklappen und von rechts absteppen.

3 Nun die Nahtzugabe ringsherum nach links einklappen, ggf. bügeln.

4 Die Tasche auf dem entsprechenden Teil positionieren und feststecken. Einmal ringsherum mit Geradstich feststeppen. (Dabei natürlich oben offen lassen!)

1
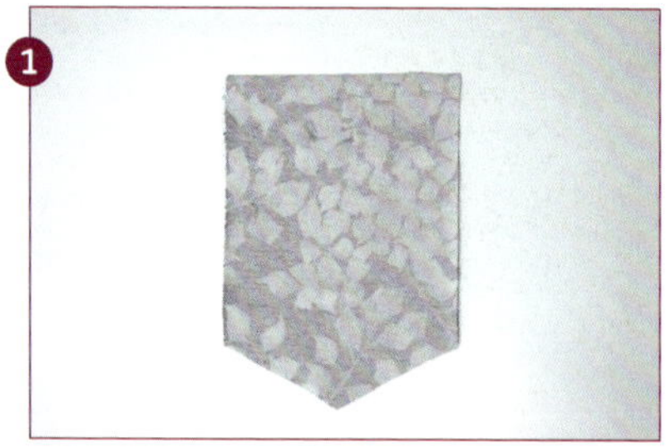

2

3
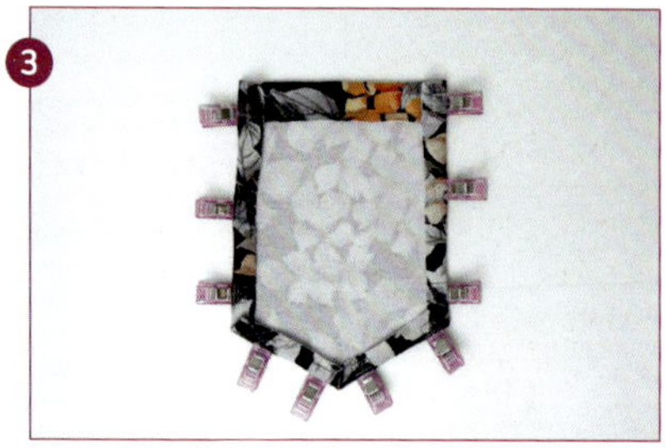

4

BAUCHTASCHE *Schnittteil Nr. 105*

1 Die Tasche mit einer Nahtzugabe von 1 cm zuschneiden. Die schrägen Kanten entsprechend der Nahtzugabe nach links umklappen und absteppen.

2 Nun die restlichen Kanten nach links einschlagen.

3 Die Tasche auf dem Vorderteil positionieren,

4 ... feststecken

5 ... und steppen.

1
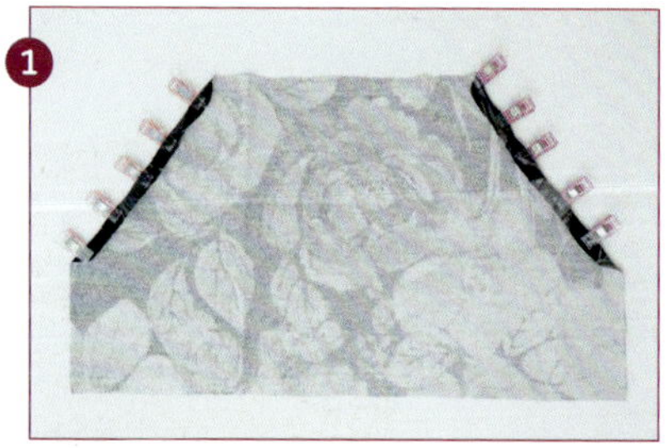

2
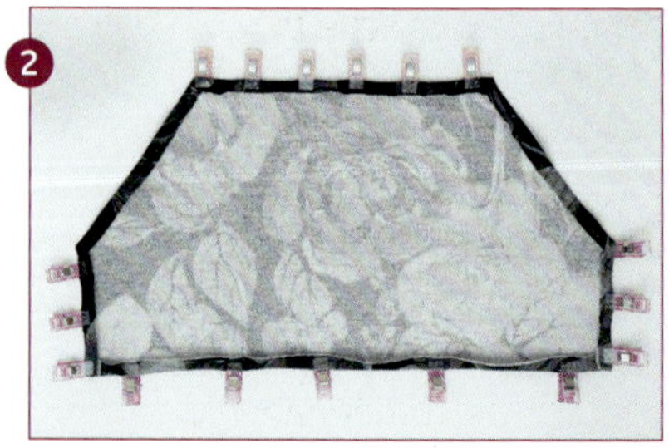

3

4

NAHTTASCHE *Schnittteil Nr. 3D/4D*

Die Nahttaschen kannst du für das Kleid Primrose und für die Jacke Tulip nutzen. Je nach Körpergröße kannst du die Position natürlich variieren.

1 Beim Zuschnitt einen Knips an den 4 Taschenteilen und jeweils zwei am Rückteil der Jacke, den beiden Vorderteilen, bzw. an den Rüschen des Kleides entsprechend der Markierung vornehmen.

2 Auf jeder Seite der Jacke bzw. der Rüsche zunächst ein Taschenteil annähen. In der Mitte den Knips der Tasche direkt auf den Knips der Rüsche bzw. dem Jackenrückteil platzieren (rechts auf rechts).

3 Die Tasche mit einem (dreifachen) Geradstich aufsteppen. Dies wird an beiden Seiten der Rüsche bzw. am Rückenteil gemacht und danach identisch auf der zweiten Rüsche bzw. an den Vorderteilen der Jacke.

4 Nun Vorder- und Rückteil der Rüsche bzw. der Jacke rechts auf rechts aufeinanderlegen und die Seiten sowie die Taschenbeutelkanten zusammennähen.

5 Nun kannst du die Rüsche bzw. Jacke wenden und die Nahttaschen nach innen stülpen.

1

2

3

4

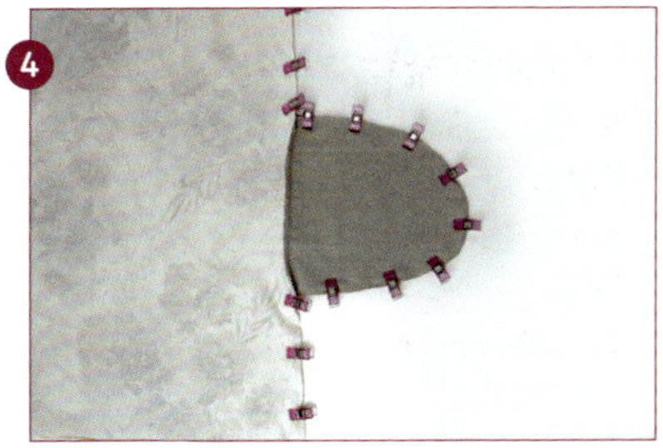

5

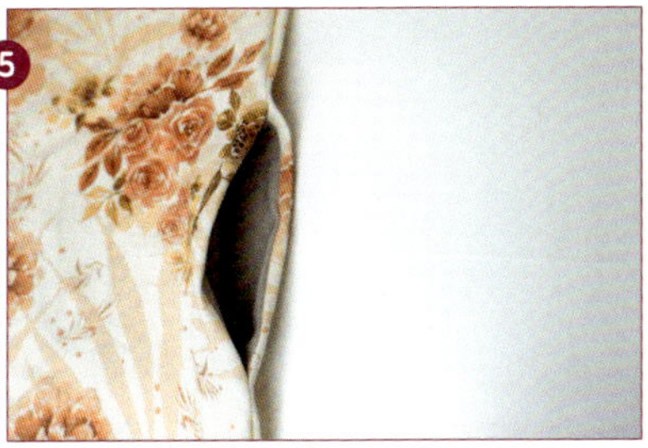

FLÜGELÄRMEL *Schnittteil Nr. 103*

Der Flügel lässt sich beim Basicshirt Violet mit dem Ärmel kombinieren oder kann bei den Modellen Lilac, Clover & Crocus verwendet werden. Wahlweise zwischen Armausschnitt und Ärmel gefasst oder als Ärmelersatz. Wichtig ist es immer, dass der Flügel auf die passende Länge gerafft wird.

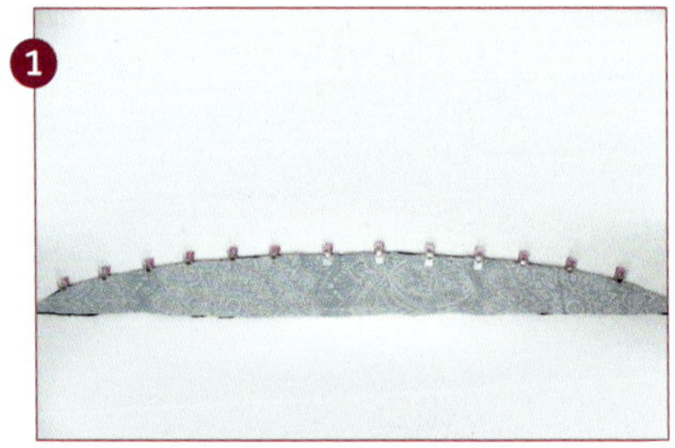

1 Die beiden Flügelteile rechts auf rechts aufeinanderlegen und an der Rundung zusammennähen.
Tipp: Alternativ kannst du den Flügel auch einlagig arbeiten und dann die Außenkante mit einem Rollsaum versäubern.

2 Den Flügel wenden und ggf. die Naht absteppen.

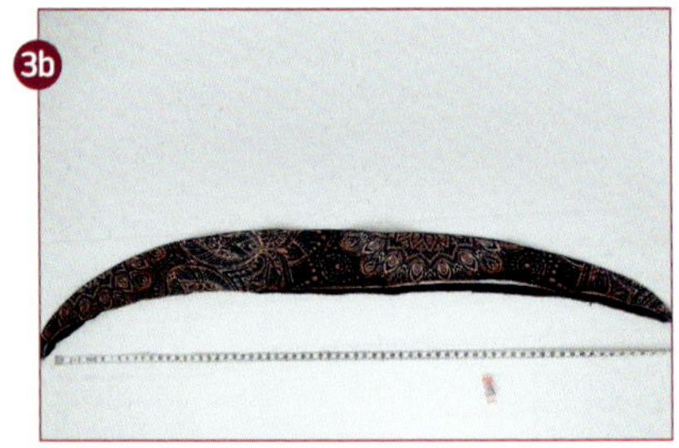

3 Miss deinen Armausschnitt. Auf diese Länge muss die Ansatzkante des Flügels gerafft werden. Ich benutze zum Raffen am liebsten Framilon, welches unter Dehnung mit einfachem Geradstich angenäht wird.

4 Nun wird der Flügelärmel rechts auf rechts an den Armausschnitt gesteckt. Dabei trifft die Ärmelmitte auf die Schulternaht. Damit später nichts verrutscht, kannst du mit einer einfachen Hilfsnaht den Flügel zunächst innerhalb der Nahtzugabe feststeppen.
Tipp: Wenn du mit dem normalen Ärmel kombinieren willst, wird nun der Ärmel an den Armausschnitt gesteckt (siehe Anleitungen bei Violet oder Rose). Nähst du ohne Ärmel, werden nun die Seitennähte des Oberteils geschlossen.

5 Ermittle das Maß für den Bündchenstreifen des Armausschnitts: Höhe = fertiges Maß + Nahtzugabe, Breite = in Abhängigkeit der Elastizität, die gemessene Ausschnittlänge mit 0,75 (bei Bündchenware)/0,85 (bei Jersey) multiplizieren.

6 Das Bündchen rechts auf rechts legen und an den kurzen Kanten zusammennähen.

7 Das Bündchen an den langen Kanten mittig falten (links auf links) und mit Stoffklammern die Naht, sowie gegenüberliegend die Bruchkante markieren.

8 Das Bündchen an den Armausschnitt stecken, sodass die Seitennaht von Bündchen und Oberteil zusammentreffen und die Bruchkante auf die Schulternaht trifft. Das Bündchen gedehnt annähen.

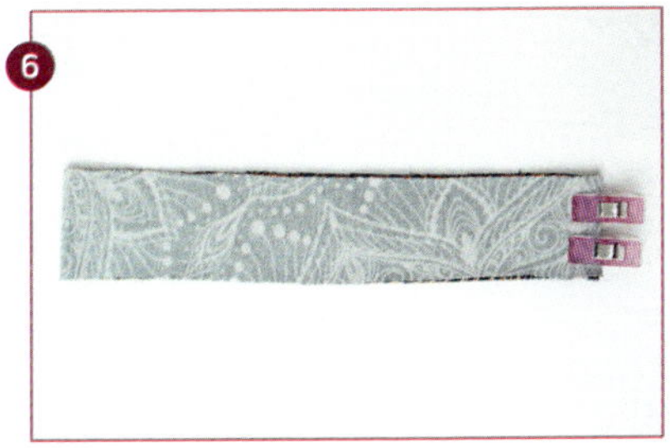

RAFFEN/KRÄUSELN

Nähe mit einem Geradstich in möglichst großer Stichlänge 5–7 mm neben der Stoffkante. Dabei nur eine Seite verriegeln, an der anderen Seite ausreichend Faden stehen lassen. Dann an dem Unterfaden ziehen und dadurch den Stoff zusammenraffen.

Alternativ Framilon bzw. Gummiband verwenden:
Schneide das Framilon bzw. Gummiband so lang zu, wie der Stoff nach dem Raffen breit sein soll, nähe es dann auf der linken Stoffseite innerhalb der Nahtzugabe auf den zu raffenden Stoff unter Dehnung an.

VIOLET

Basic-Shirt

Ein gut sitzendes Basic-Shirt ist der All-time-Favourite in jedem Kleiderschrank. Hier kannst du zum Designer werden: Wähle Halsausschnittvariante, Länge, Ärmellänge und -variante, Add-ons wie Flügel oder Aufsatztasche und kreiere dein neues Lieblingsshirt.

ZUSCHNITT

- 1x Vorderteil 1A
- 1x Rückteil 1B
- 2x Ärmel 100
- 1x Halsbeleg vorne (passend zur gewählten Variante) 106
- 1x Halsbeleg hinten (passend zur gewählten Variante) 106

Optional:

- 2x Bündchen für Ballonärmel 101
- 4x (2x) Flügelärmel 103
- 1x Aufsatztasche 113

SCHNITTTEIL ÜBERSICHT

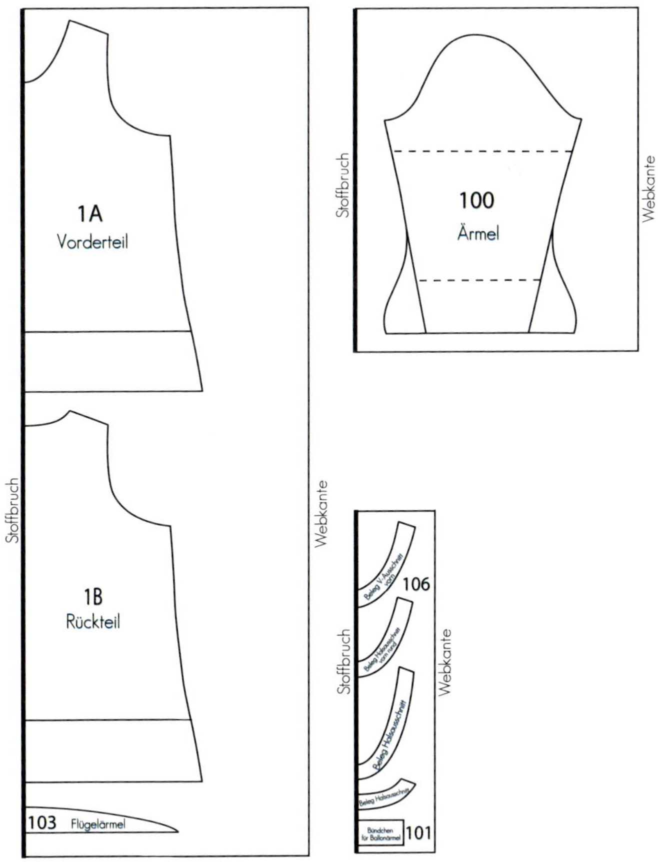

NÄHEN

1 Das Vorder- und Rückteil rechts auf rechts aufeinanderlegen und die Schulternähte schließen.

2 Den rechten Ärmel – von der Schulternaht ausgehend – rechts auf rechts am rechten Ärmelausschnitt feststecken und -nähen. Am linken Ärmelausschnitt den Vorgang wiederholen.

3 Nun das Vorderteil und das Rückteil wieder rechts auf rechts legen, die Ärmel an den langen Kanten rechts auf rechts legen. Die Seitennaht und die Ärmelkante jeweils in einer durchgehenden Naht schließen

4 Die Saumzugabe (Empfehlung: 2,5 cm) am unteren Shirtrand sowie am Ärmel nach links umschlagen, festklammern und mit einem elastischen Stich feststeppen.

BEACHTE für die optionalen Add-ons die Basic-Anleitungen auf Seite 12–17.

5 Den Halsausschnitt mit Halsbelegen versäubern (siehe Basic-Anleitung auf Seite 12).

VARIANTEN

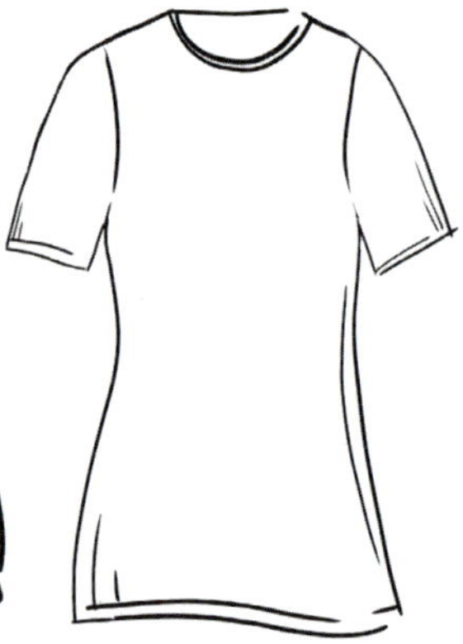

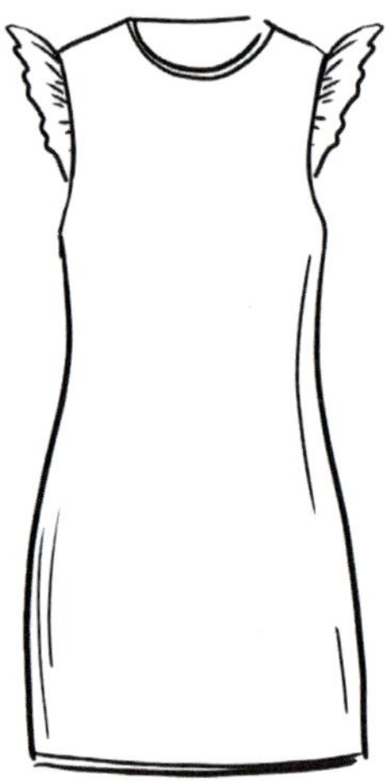

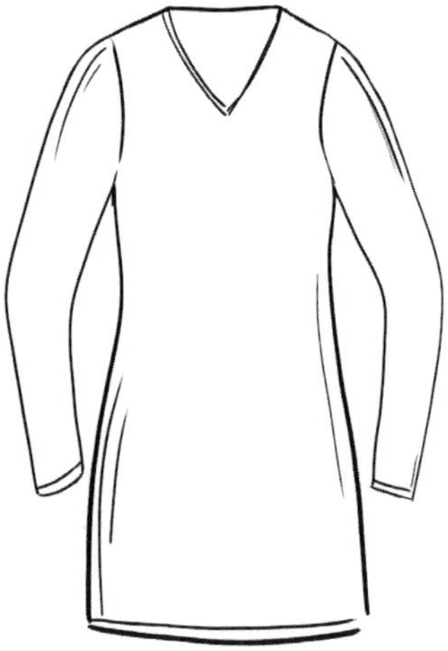

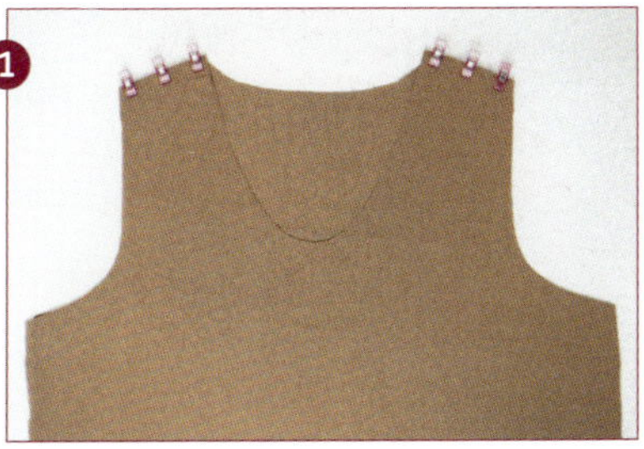
1

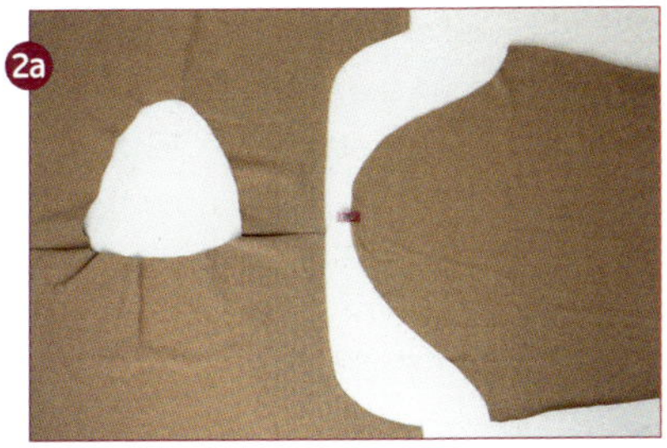
2a

2b

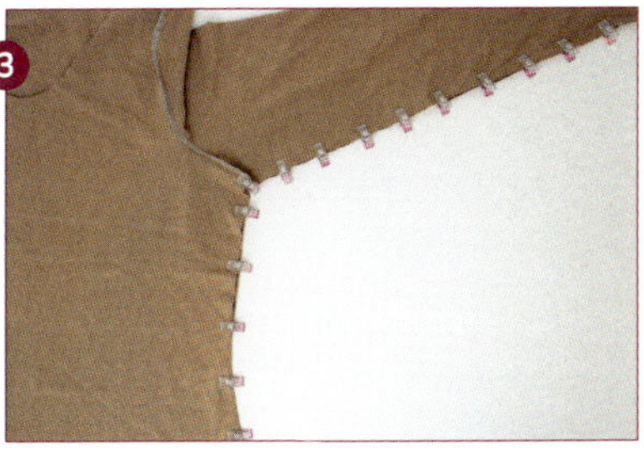
3

4a

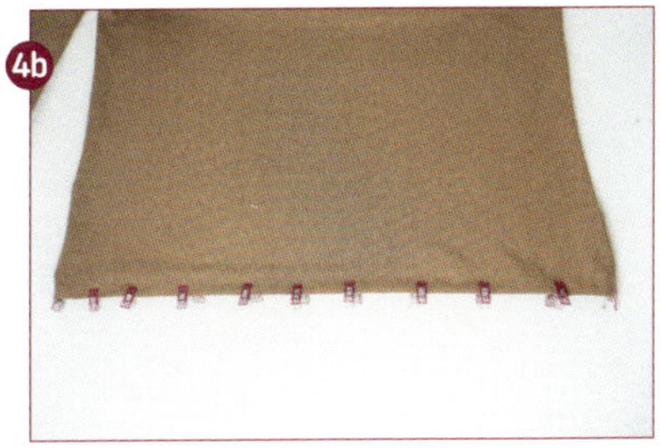
4b

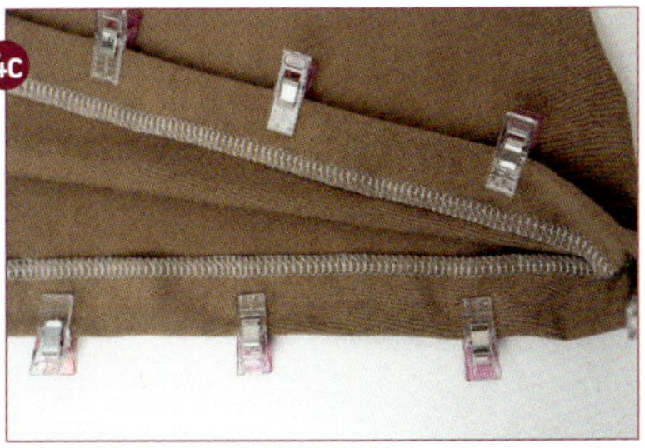
4c

BLUEBELL

Rock mit Hüftlaschen

Ein anliegender Rock ist ein Must-have in jeder Garderobe! Wunderbar mit den Shirts Violet oder Lilac zu kombinieren. Das Modell kann wahlweise mit oder ohne Eingriffstaschen genäht werden.

ZUSCHNITT

- 1x Vorderteil mit Eingriffausschnitten 2A
- 1x Rückteil 2A
- 2x Bauchbündchen 102
- 2x Taschenbeutel ohne Eingriff 2C
- 2x Taschenbeutel mit Eingriff 2B

Optional:

- 2x Aufsatztasche 104

SCHNITTTEIL ÜBERSICHT

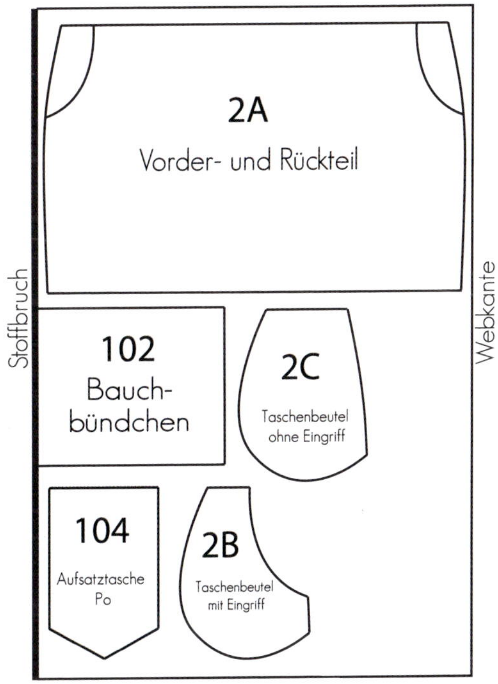

NÄHEN

BEACHTE für die optionalen Add-ons die Basic-Anleitungen auf Seite 12–17.

1 Die Taschenbeutel mit Eingriff jeweils rechts auf rechts an den Taschenausschnitt des Rock-Vorderteils stecken und entlang der Eingriffkante festnähen.

2 Danach den Taschenbeutel umklappen, sodass er links auf links auf dem Rock-Vorderteil liegt und die Eingriffkante absteppen.

3 Den Taschenbeutel ohne Eingriff rechts auf rechts an den Taschenbeutel mit Eingriff anstecken und die Teile entlang der Beutelrundung zusammennähen.

4 Das Taschenbeutelteil mit Hilfsnähten innerhalb der Nahtzugabe oben und an der Seite fixieren, damit später beim Zusammennähen des Rockes nichts verrutscht.

5 Nun das Rückteil rechts auf rechts auflegen und die seitlichen Kanten beider Teile zusammennähen.

6 Das Bauchbündchen vorbereiten und annähen (siehe Basic-Anleitung auf Seite 13).

7 Die Saumzugabe umschlagen (Empfehlung: 2,5 cm), bügeln und feststecken. Den Saum absteppen.

VARIANTEN

1

2a

2b

3

4

5

7

ROSE

Basic-Kleid

Schlicht und sportlich kommt das Basic-Kleid daher, ein echter Allrounder, der immer up-to-date ist. Wähle den Ausschnitt und die Ärmellänge oder kombiniere mit Aufsatztasche oder Flügelchen. So kreierst du deinen individuellen Look. Auch eine Variante mit Rüsche am Saum ist möglich, wie das geht, kannst du in der Anleitung zum Kleid Primrose nachlesen.

ZUSCHNITT

- 1x Vorderteil 3A
- 1x Rückteil 3B
- 2 x Ärmel 100
- 1x Halsbeleg vorne (passend zur gewählten Variante) 106
- 1x Halsbeleg hinten (passend zur gewählten Variante) 106

Optional zusätzlich:

- 1x Rüsche 3C
- 4x Nahttasche 3D
- 2x Bündchen für Ballonärmel 101
- 4x (2x) Flügelärmel 103

SCHNITTTEIL ÜBERSICHT

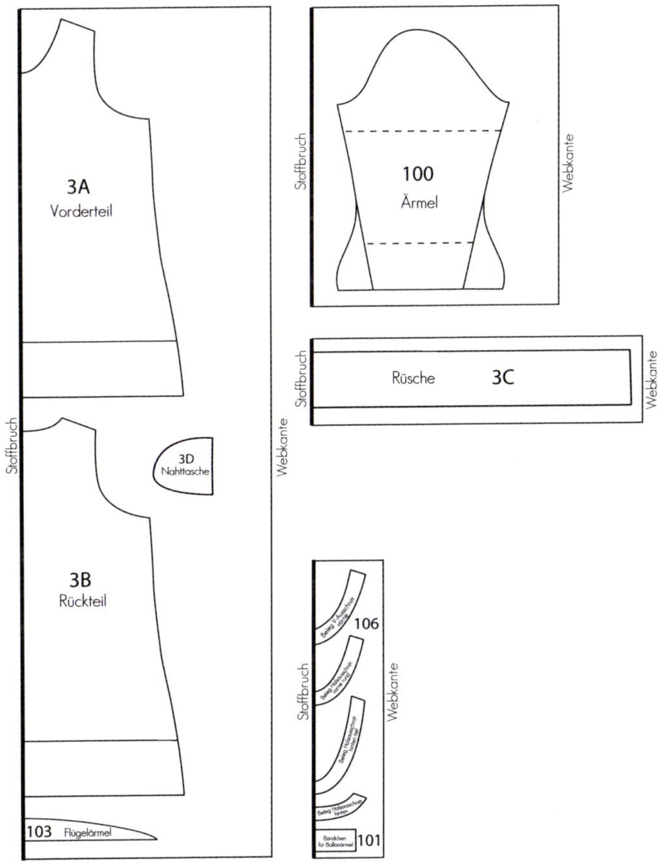

NÄHEN

1 Das Vorder- und Rückteil rechts auf rechts aufeinanderlegen und die Schulternähte schließen.

2 Den rechten Ärmel – von der Schulternaht ausgehend – rechts auf rechts am rechten Ärmelausschnitt feststecken und dann festnähen. Am linken Ärmelausschnitt den Vorgang wiederholen.

3 Nun das Vorderteil und das Rückteil wieder rechts auf rechts legen, die Ärmel an den Innenkanten rechts auf rechts legen. Die Seitennaht und die Ärmelkante jeweils in einer durchgehenden Naht schließen.

4 Die Saumzugabe (Empfehlung: 2,5 cm) am unteren Shirtrand sowie am Ärmel nach links umschlagen, festklammern und mit einem elastischen Stich feststeppen.

BEACHTE für die optionalen Add-ons die Basic-Anleitungen auf Seite 12–17.

5 Den Halsausschnitt mit Halsbelegen versäubern (siehe Basic-Anleitung auf Seite 12).

VARIANTEN

1

2a

2b

3

4a

4b

4c

PRIMROSE

Kleid

Das verspielte Kleid, mit ein oder zwei Rüschen, ist ein echter Blickfang. Mit den verschiedenen Add-ons zauberst du immer neue Varianten. Auch für eine Tunika ist der Schnitt bestens geeignet.

ZUSCHNITT

- 1x Vorderteil (hier an der beschrifteten Linie im Schnittbogen gekürzt) 4A
- 1x Rückteil (hier an der beschrifteten Linie im Schnittbogen gekürzt) 4B
- 2x Ärmel 100
- 1x Halsbeleg vorne (passend zur gewählten Variante) 106
- 1x Halsbeleg hinten (passend zur gewählten Variante) 106
- 2x gerafftes Rockteil 4E
- 2x Rüsche 4C

Optional:

- 4x Nahttasche 4D
- 2x Bündchen für Ballonärmel 101
- 4x (2x) Flügelärmel 103

SCHNITTTEIL ÜBERSICHT

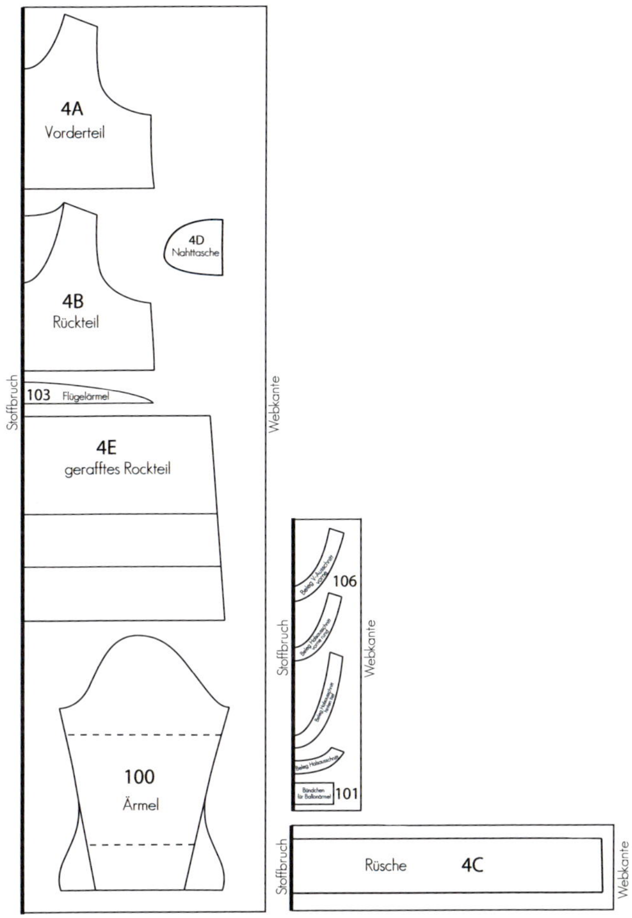

NÄHEN

1 Das Vorder- und Rückteil rechts auf rechts aufeinanderlegen und die Schulternähte schließen.

2 Den rechten Ärmel – von der Schulternaht ausgehend – rechts auf rechts am rechten Ärmelausschnitt feststecken und dann festnähen. Am linken Ärmelausschnitt den Vorgang wiederholen.

3 Nun das Vorderteil und das Rückteil wieder rechts auf rechts legen, die Ärmel an den Innenkanten rechts auf rechts legen. Die Seitennaht und die Ärmelkante jeweils in einer durchgehenden Naht schließen.

4 Die zwei Rockteile rechts auf rechts legen und die seitlichen Kanten zusammennähen.

5 Nun muss das Rockteil auf die Breite des Oberteils gerafft werden. Dazu die untere Kante des Oberteils abmessen und das Rockteil genau auf diese Länge raffen.
Tipp: Bei festeren Stoffen ist es ratsam, nicht die komplette Breite zu raffen, sondern ca. 2 cm an jeder Seite „ungerafft" zu lassen, somit trägt der Rock weniger auf.

6 Das Rockteil mit der gerafften Kante rechts auf rechts an das Oberteil stecken und rundum annähen.

7 Die zwei Rüschenteile rechts auf rechts legen und jeweils die kurzen Kanten zusammennähen. Nun muss die Rüsche auf die Weite der unteren Kante des Rockteils gerafft werden. Anschließend die Rüsche rechts auf rechts an das Rockteil stecken und nähen.

BEACHTE für die optionalen Add-ons die Basic-Anleitungen auf Seite 12–17.

8 Die Saumzugabe umklappen, bügeln, fixieren und absteppen.

9 Hier nutze ich ein Bündchen (siehe Basic-Anleitung auf Seite 13) für den Ärmelabschluss, alternativ kannst du den Ärmel aber auch säumen. Das Bündchen rechts auf rechts legen und an der kurzen Kante zusammennähen.

10 Das Bündchen an den langen Kanten links auf links falten und an die untere Ärmelkante nähen.

VARIANTEN

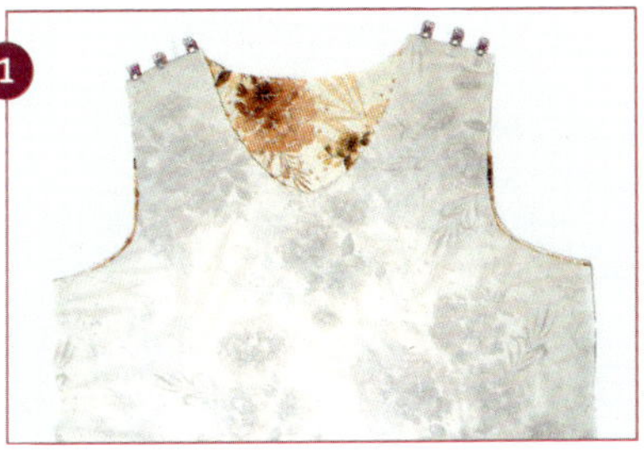
1

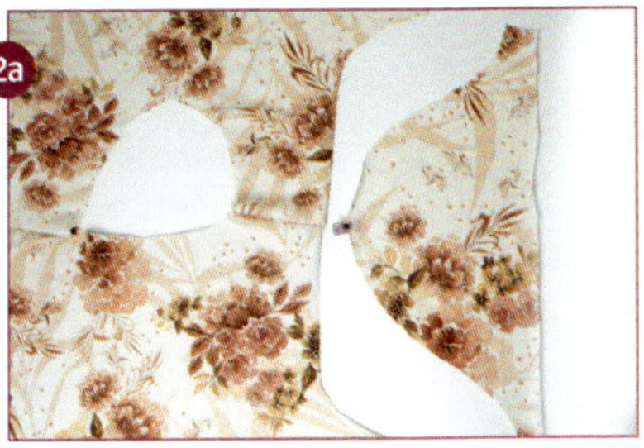
2a

2b

3

5a

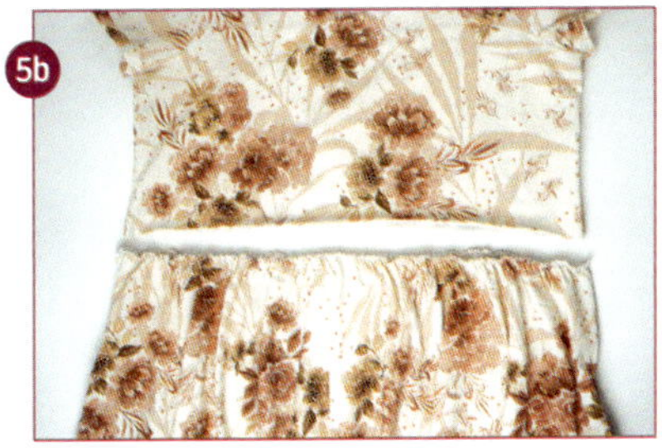
5b

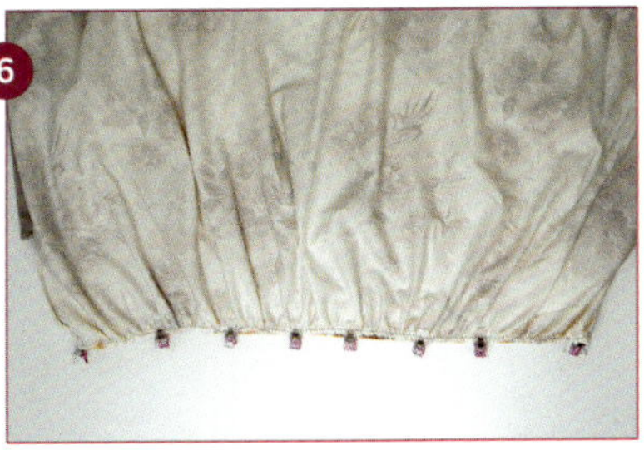
6

7

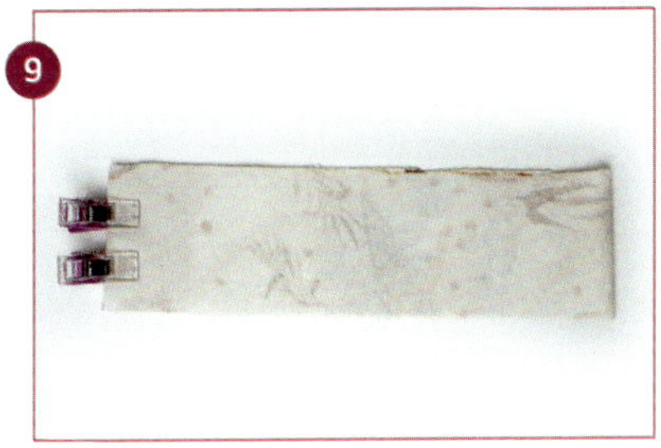
9

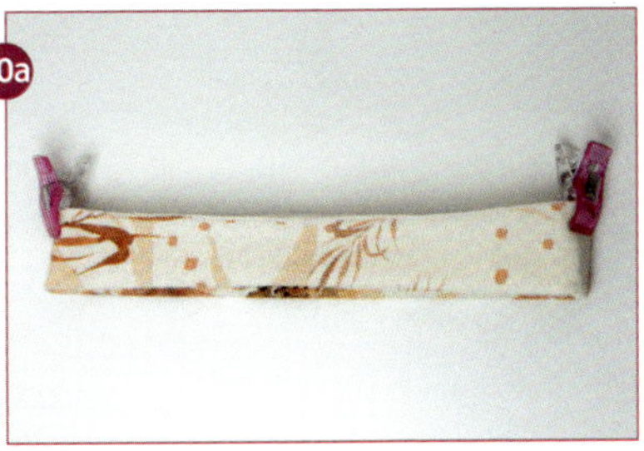
10a

10b

ALMOND

Rock mit Passe

Ein schwingender verspielter Rock für warme Sommertage
oder mit Strumpfhose oder Leggings perfekt im Frühling und Herbst.
Durch die Passe wird er zum „Figurschmeichler".

ZUSCHNITT

- 1x Passe vorne 5A
- 1x Passe hinten 5B
- 2x Rüsche 5C
- 2x Bauchbündchen 102

SCHNITTTEIL ÜBERSICHT

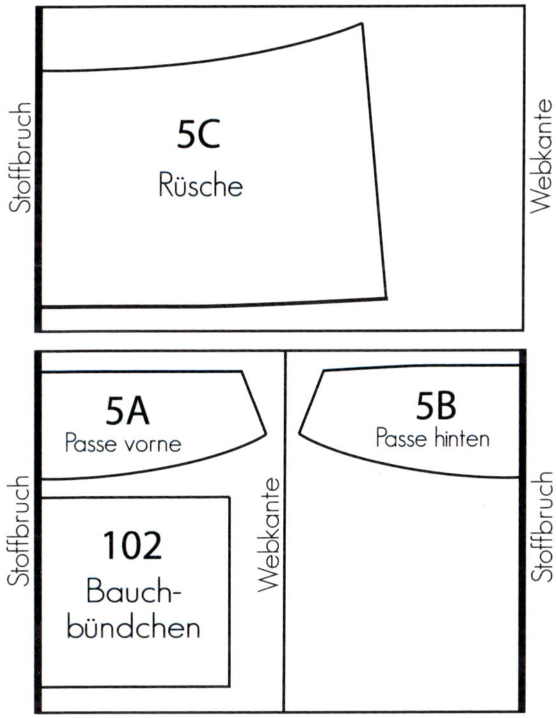

NÄHEN

1 Die vordere und die hintere Passe rechts auf rechts legen und die seitlichen Kanten zusammennähen.

2 Die beiden Rüschenteile rechts auf rechts legen und die seitlichen Kanten zusammennähen.

3 Nun muss die Rüsche auf die Breite der Passe gerafft werden. Dafür die untere Kante der Passe abmessen und die Rüsche genau auf diese Länge raffen.

4 Die Passe mit der gerundeten Kante rechts auf rechts an die Rüsche stecken und die Teile zusammennähen.

5 Die Saumzugabe umschlagen (Empfehlung: 2,5 cm), bügeln, abstecken und dann absteppen.

6 Das Bauchbündchen vorbereiten und annähen (siehe Basic-Anleitung auf Seite 13).

1

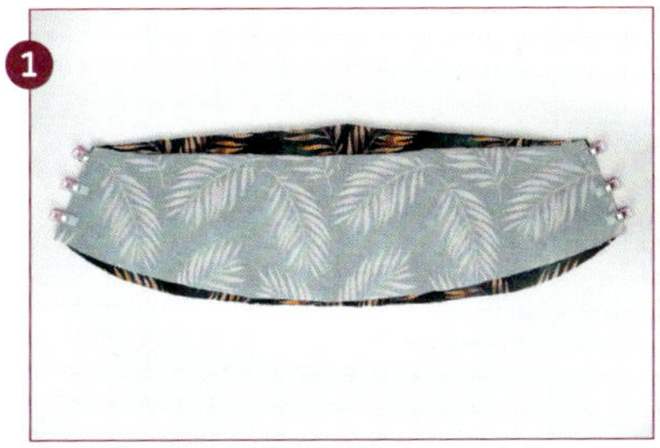

2

3a

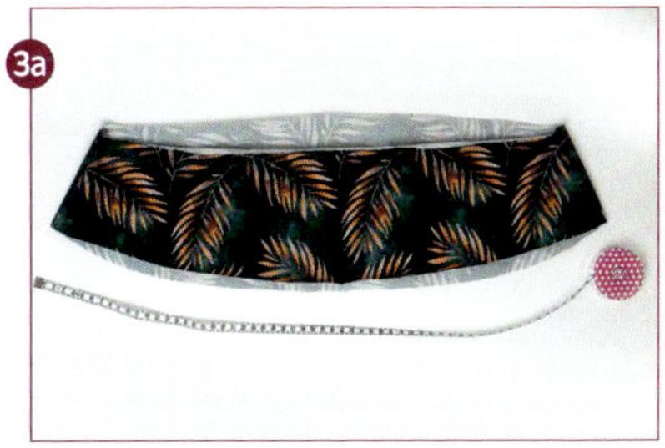

3b

3c

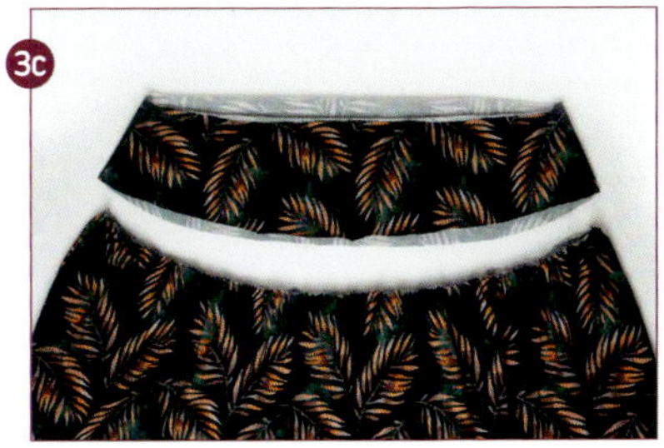

4

5a

5b

RUSH

Hose

Die weite Hose ist super bequem und angenehm zu tragen.
Entscheide du, ob mit oder ohne Eingriffstaschen, in wadenlang oder lang.

ZUSCHNITT

- 2x Vorderteil 6A
- 2x Rückteil 6B
- 2x Bauchbündchen 102

Optional:
- 2x Taschenbeutel mit Eingriff 6C
- 2x Taschenbeutel ohne Eingriff 6D

SCHNITTTEIL ÜBERSICHT

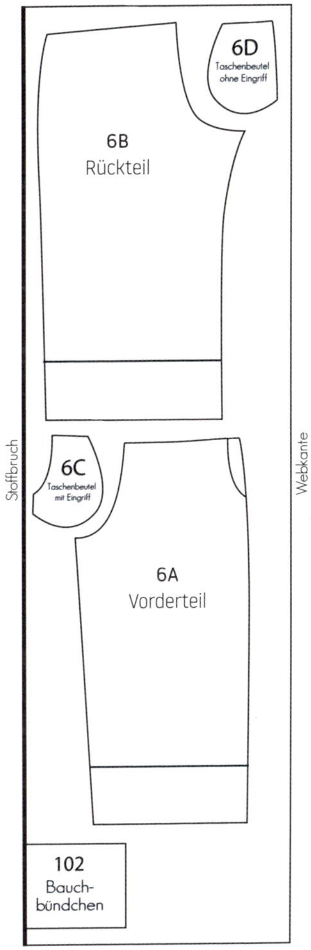

NÄHEN

Hinweis: Für die Variante mit Eingriffstaschen arbeite zuerst nach der Anleitung zum Rock Bluebell auf Seite 26 die Punkte 1–4.

1 Die beiden Rückteile rechts auf rechts legen und die Gesäß-Naht (= rückwärtige Mitte) schließen.

2 Dann die beiden Vorderteile rechts auf rechts legen und die Schritt-Naht (= vordere Mitte) schließen.

3 Hosen-Vorderteil und -Rückteil rechts auf rechts legen. Zuerst die beiden Seitennähte und dann die Innenbeinnaht schließen.

BEACHTE für die optionalen Add-ons die Basic-Anleitungen auf Seite 12–17.

4 Die Saumzugabe der unteren Beinkante umschlagen (Empfehlung: 2,5 cm), bügeln und absteppen.

5 Das Bauchbündchen vorbereiten und annähen (siehe Basic-Anleitung auf Seite 13).

VARIANTEN

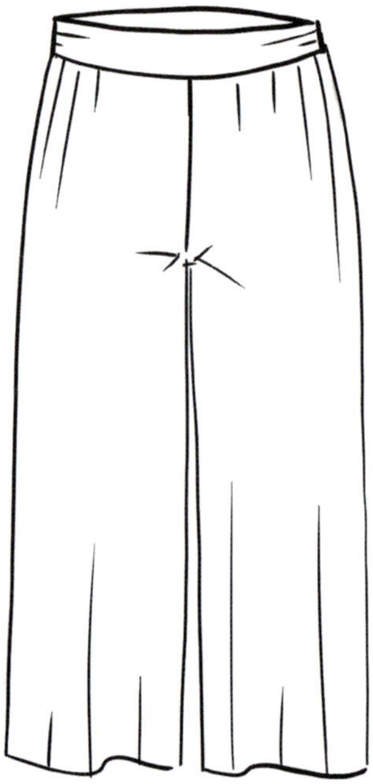

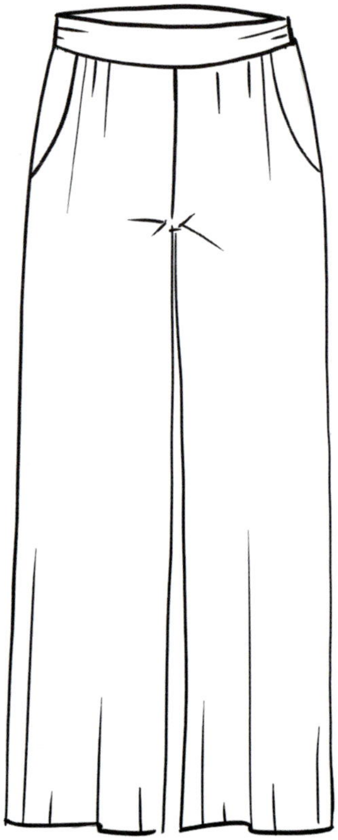

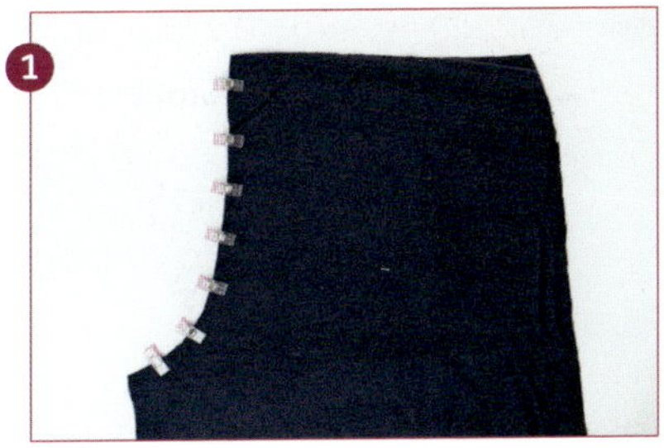
1

2

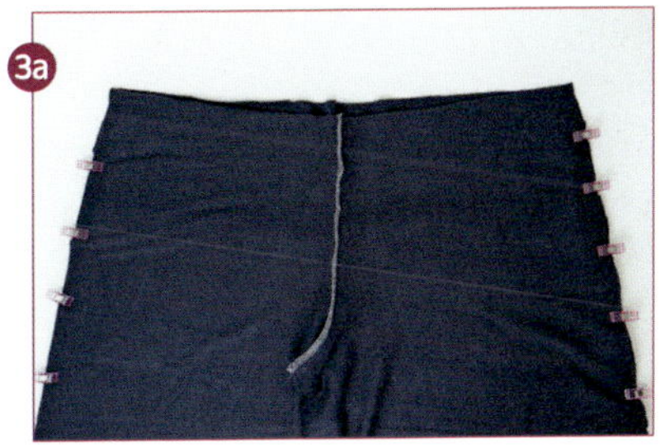
3a

3b

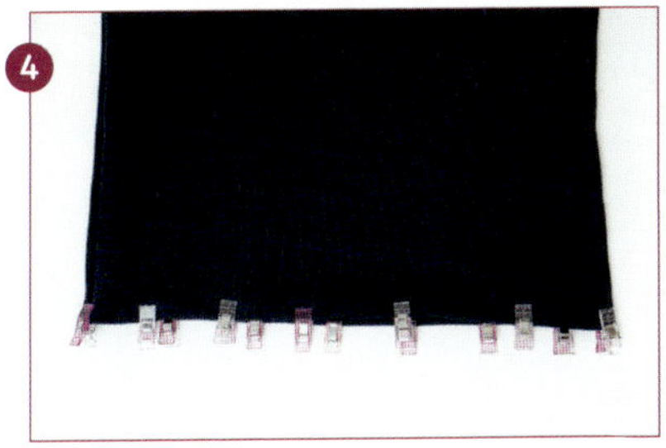
4

#Sewista
I LOVE IT

BELL

Beanie

Diese Mütze ist ein absolutes Must-have – ob mit oder ohne Umschlag. Besonders cool wird die Hipster-Beanie, wenn du ein großes Label auf den Umschlag nähst. Der Schnitt eignet sich auch für Grob- und Feinstrickbündchen sehr gut. Da diese sehr elastisch sind, kann dann eine Größe kleiner genäht werden.

ZUSCHNITT

- 1x Beanie 7A

SCHNITTTEIL ÜBERSICHT

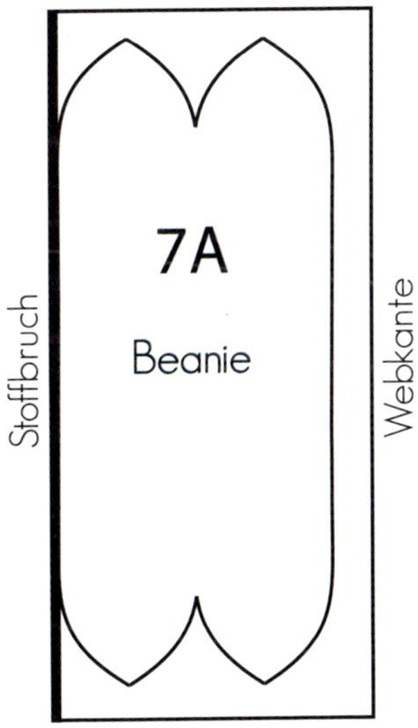

NÄHEN

1 Das Schnittteil liegt nach dem Zuschnitt im Bruch rechts auf rechts. Die äußeren Kanten zusammennähen,

2 ... dabei an der langen Seite eine Wendeöffnung lassen.

3 Die Nahtzugabe in den „Zacken" schräg zurückschneiden.

4 Den Schlauch und nun die offenen kurzen Kanten jeder Seite erneut so rechts auf rechts zusammenlegen, dass sich die Nähte der „Zacken" treffen. Die Kanten schließen.

5 Die Nahtzugaben auch hier schräg zurückschneiden.

6 Die Mütze durch die Wendeöffnung wenden.

7 An der Wendeöffnung die Nahtzugaben nach innen legen und die Kanten knappkantig zusammensteppen, alternativ von Hand mit Matratzenstich schließen.

8 Die Mützenhälfte, an der sich die Wendeöffnung befindet, als Futter links auf links nach innen stülpen.

9 Den unteren Mützenrand nach außen umlegen und, falls gewünscht, ein Label aufnähen.

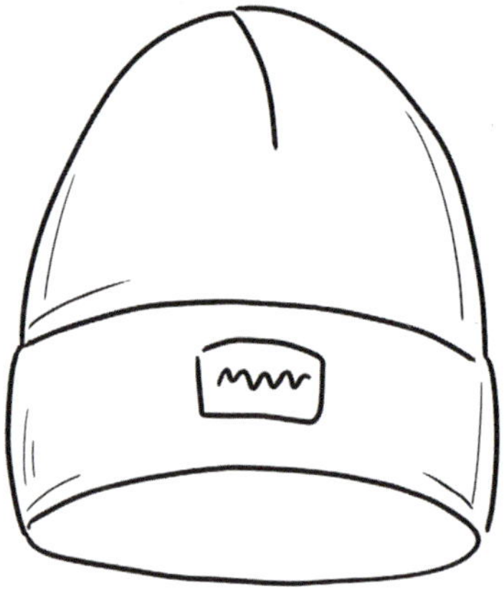

1

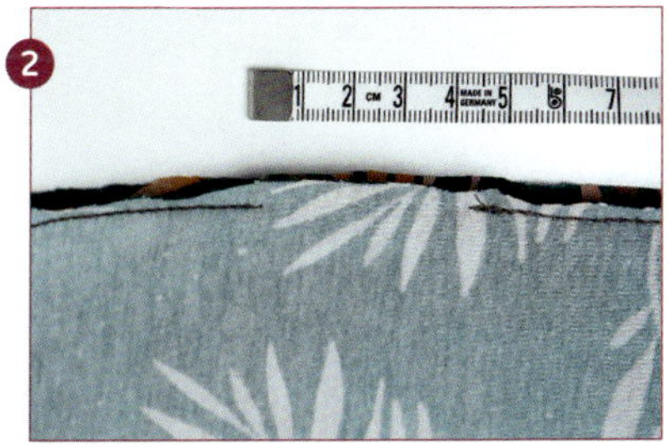
2

3

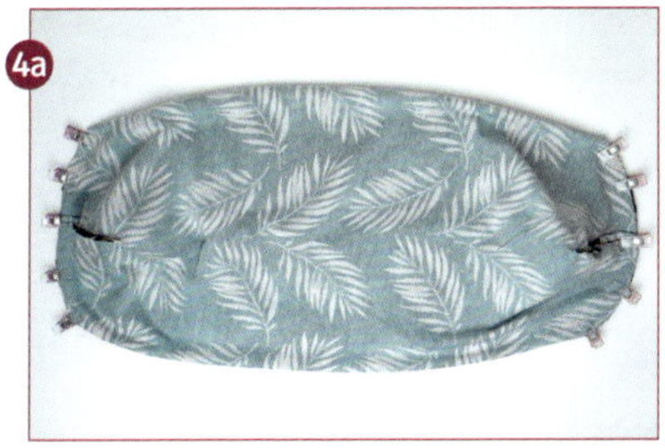
4a

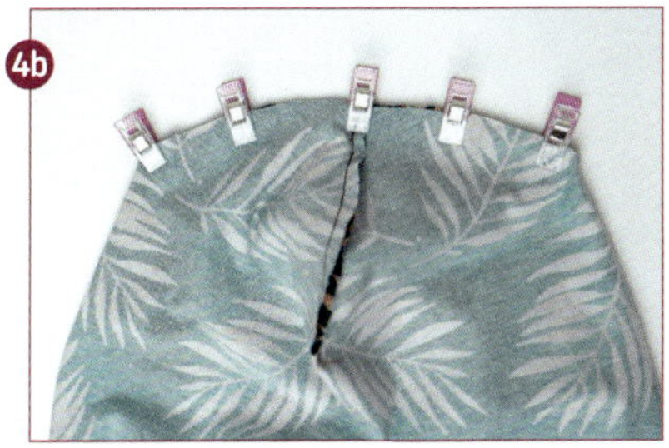
4b

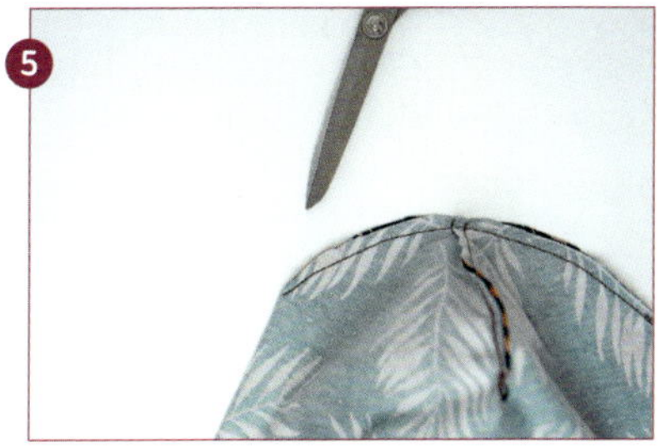
5

6

7

8

9

LILAC

Shirt mit überschnittenen Schultern

Überschnittene Schultern sind seit Jahren nicht aus der Mode weg zu denken. Ein lässig cooler Style ist damit garantiert. Nähe Lilac als Shirt oder als Shirtkleid, mit Flügeln und Tasche oder ganz pur. Ich zeige dir hier den Ärmelabschluss als Alternative zum normal gesäumten Ärmel.

ZUSCHNITT

- 1x Vorderteil 107
- 1x Rückteil 107
- 2x Ärmel 108
- 2x Beleg Shirtlänge 116
- 2x Armabschluss 111
- 1x Beleg Halsausschnitt vorne 114
- 1x Beleg Halsausschnitt hinten 115

Optional:

- 1x Aufsatztasche 113
- 4x (2x) Flügelärmel 103
- 2x Beleg Kleidlänge 117

SCHNITTTEIL ÜBERSICHT

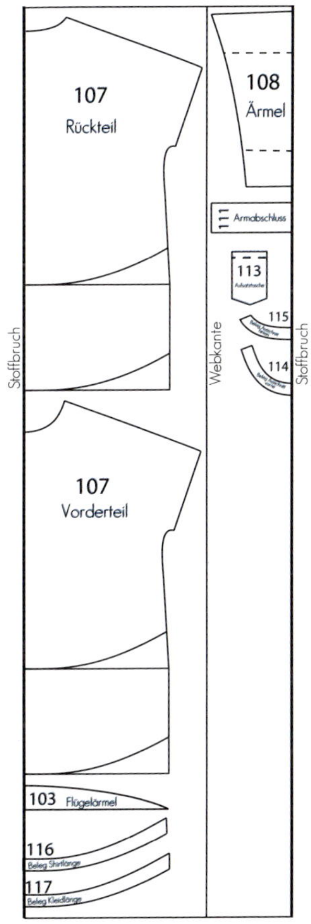

NÄHEN

BEACHTE für die optionalen Add-ons die Basic-Anleitungen auf Seite 12–17.

1 Das Vorder- und Rückteil rechts auf rechts aufeinanderlegen und die Schulternähte schließen.

2 Dann die Seitenkanten zusammennähen.

3 Den Ärmelabschluss-Streifen rechts auf rechts zur Hälfte legen und an der kurzen Kante zusammennähen.

4 Den Ärmelabschluss wie ein Bündchen links auf links falten.

5 Den Ärmelabschluss rundum an den Armausschnitt stecken, sodass die Seitennähte von Ärmelabschluss und Shirt aufeinandertreffen. Nun den Ärmelabschluss annähen.

6 Die Saumbelegteile rechts auf rechts legen und die Seitennähte schließen.

7 Die innere Belegkante versäubern, dann den Beleg rechts auf rechts an die untere Kante des Shirts stecken und festnähen.

8 Den Beleg nach links umklappen, bügeln und feststecken.

9 Nun den Beleg absteppen. Es ist von Vorteil, den Beleg knapp neben der inneren Kante festzusteppen, damit er beim Tragen nicht herunterklappt.

10 Die Halsbelege annähen (siehe Basic-Anleitung auf Seite 12).

VARIANTEN

1
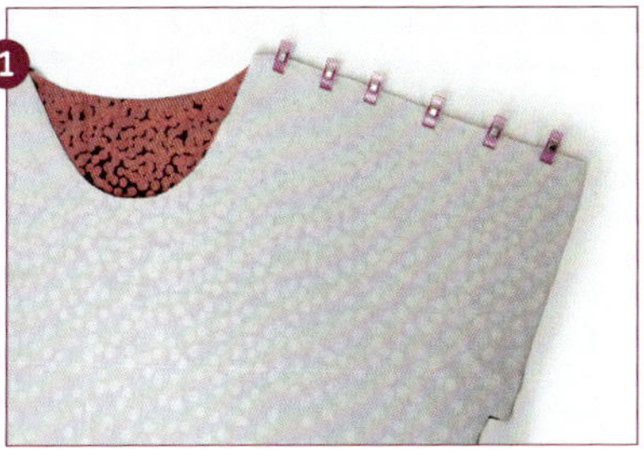

2
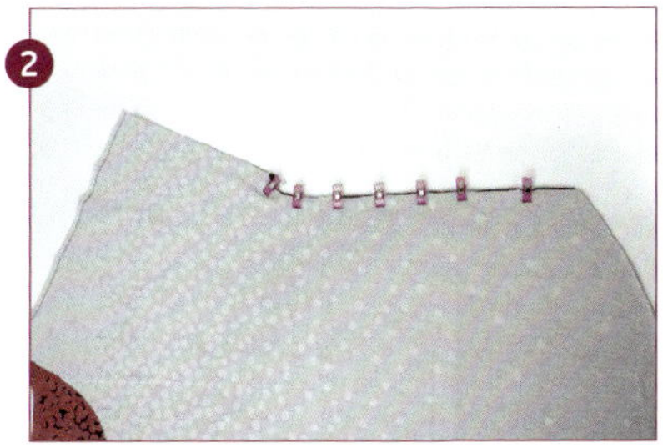

3
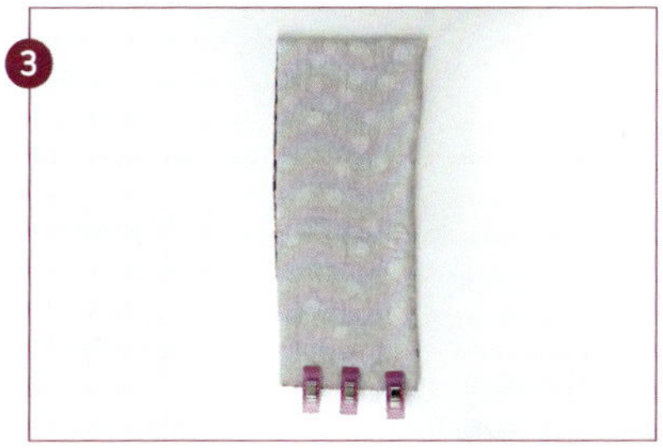

4
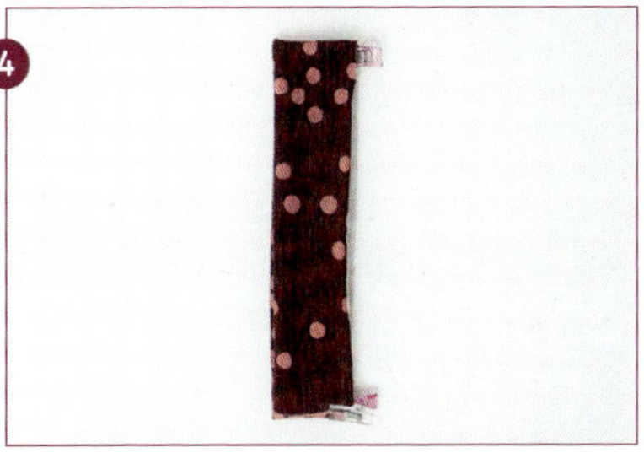

5
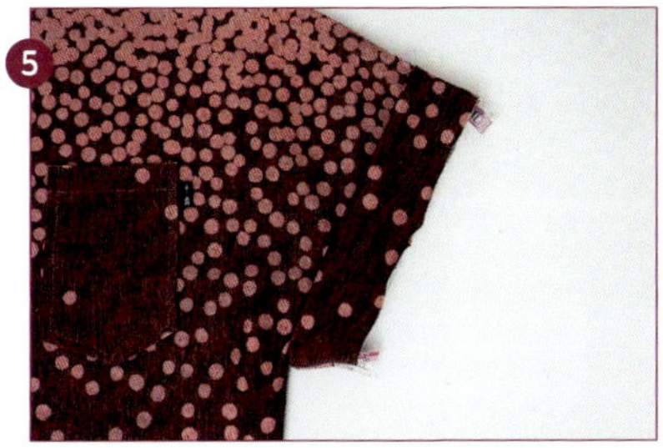

6

7
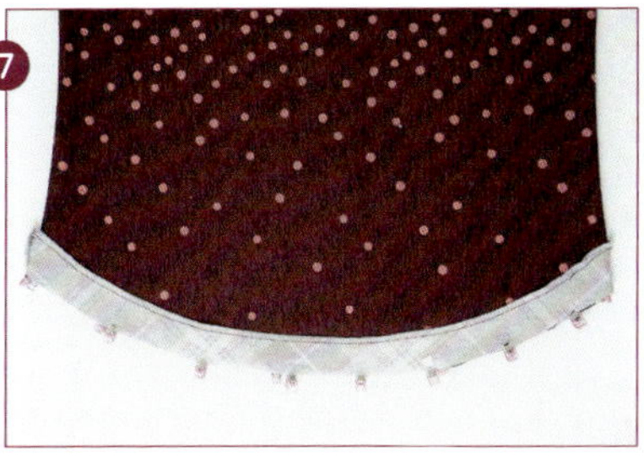

8a
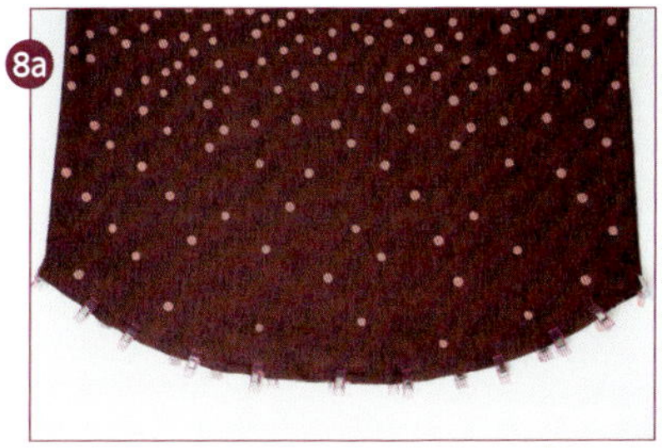

8b

9
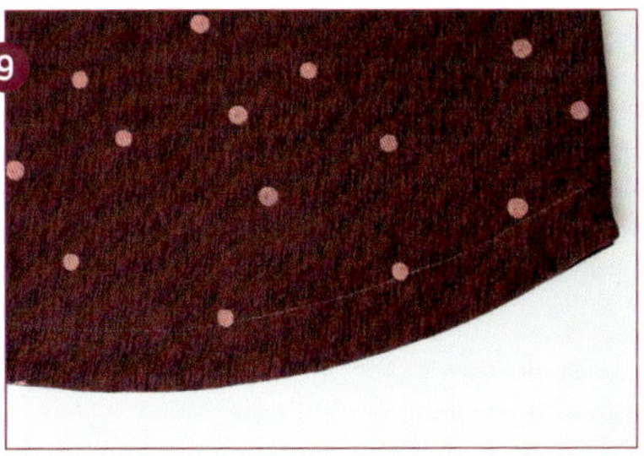

CLOVER

Hoodie

Das wird sicher dein neuer Lieblingshoodie sein! Top aktuell mit überschnittener Schulter und möglichen Rüschen-Add-ons – und mit der Kapuze bist du auch für kältere Tage bestens ausgerüstet.

ZUSCHNITT

- 1x Vorderteil mit Halsausschnitt für Kapuze 107
- 1x Rückteil mit Halsausschnitt für Kapuze 107
- 2x Ärmel (hier gekürzt für Ärmelbündchen) 108
- 2x Bündchen 112
- 2x Kapuze 109 (davon 1x gegengleich) für Außenteil
- 2x Kapuze 109 (davon 1x gegengleich) für Innenteil
- 1x Bauchtasche 105

Optional:
- 4x (2x) Flügelärmel 103
- 1x Aufsatztasche 113

SCHNITTTEIL ÜBERSICHT

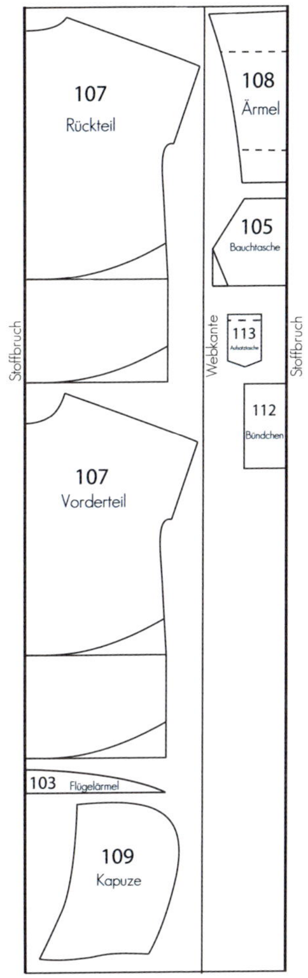

NÄHEN

1 Die Bauchtasche auf das Vorderteil nähen (siehe Basic-Anleitung auf Seite 14).

2 Vorder- und Rückteil rechts auf rechts aufeinanderlegen und die Schulternähte schließen.

3 Einen Ärmel – von der Schulternaht ausgehend – rechts auf rechts an einen Ärmelausschnitt stecken und dann festnähen. Am anderen Ärmelausschnitt den Vorgang wiederholen.

4 Nun das Vorderteil und das Rückteil wieder rechts auf rechts legen, die Ärmel an den langen Kanten rechts auf rechts legen. Die Seitennaht und die Ärmelkante jeweils in einer durchgehenden Naht schließen.

5 Die Bündchen vorbereiten und an die Ärmel nähen (siehe Basic-Anleitung auf Seite 13).

6 Die Teile für die Außenkapuze rechts auf rechts legen und entlang der Oberkopfkante zusammennähen.

7 Genauso mit der Innenkapuze verfahren.

8 Nun die Außenkapuze und Innenkapuze rechts auf rechts zusammenstecken und die vorderen Kanten zusammennähen.

BEACHTE
für die optionalen Add-ons die Basic-Anleitungen auf Seite 12–17.

9 Kapuze wenden, Innenkapuze links auf links in die Außenkapuze stecken. Die vordere Kante im Nahtbruch flach bügeln, fixieren und absteppen.

10 Die Kapuze rechts auf rechts an den Halsausschnitt stecken. Am besten beginnst du mit der Kapuzenmitte genau an der Mitte des Halsausschnittes am Rückenteil. Weder die Kapuze noch den Halsausschnitt dabei dehnen. In der vorderen Mitte überlappen sich die vorderen Kanten etwas. Mit elastischem Stich/Overlock annähen.

11 Die Saumzugabe umschlagen (Empfehlung: 2,5 cm), bügeln und fixieren. Den Saum absteppen.

VARIANTEN

2

3a

3b

4
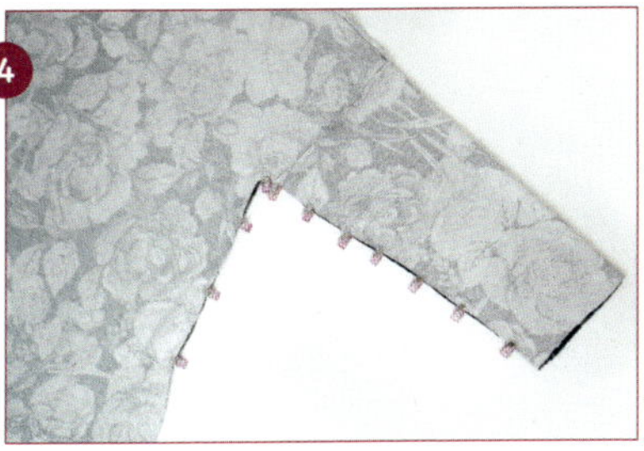
5

6
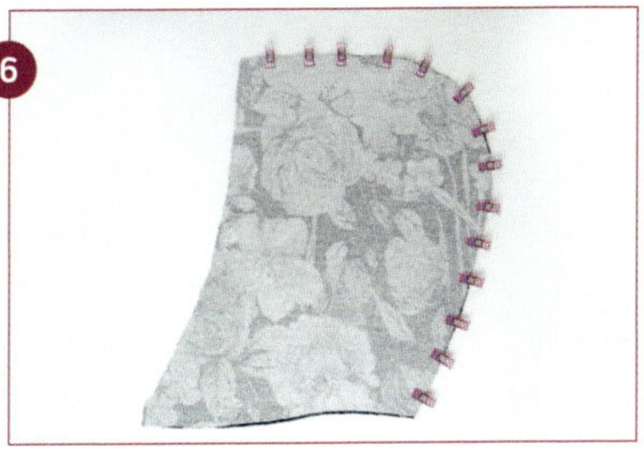
7

8
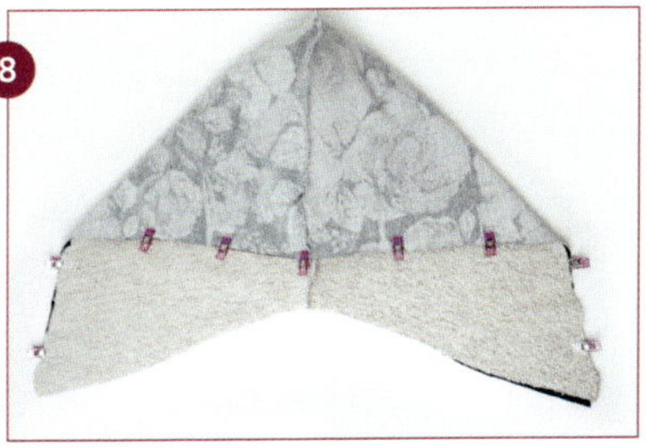
9

10a
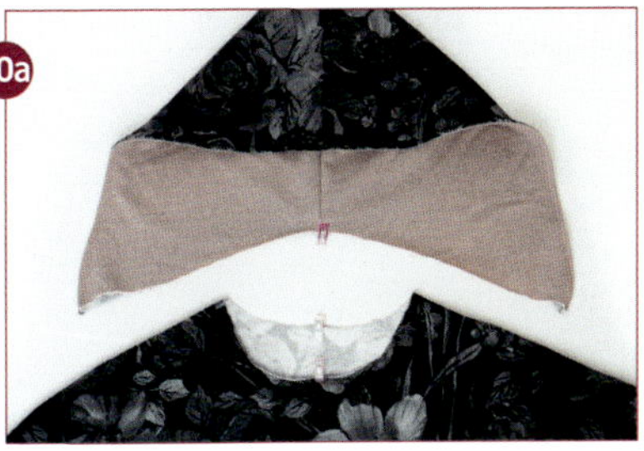
10b
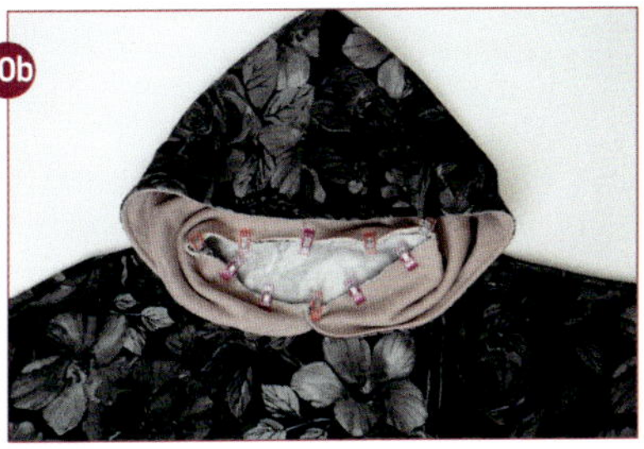
11

CROCUS

Shirtkleid/Hoodiekleid mit Rüsche

Mit einem zusätzlichen Volant an Shirt oder Hoodie entsteht ein cooles Kleid.
Wähle dazu die kürzere Länge bei Lilac oder Clover und kombiniere mit dem Volant.

ZUSCHNITT

- 1x Vorderteil 107
- 1x Rückteil 107
- 2x Ärmel (hier kurz) 108
- 2x Armabschluss 111
- 1x Beleg Ausschnitt vorne 114
- 1x Beleg Ausschnitt hinten 115
- 2x Volant 110

Optional:
- 2x Bündchen 112
- 4x Kapuze 109 (davon 2x gegengleich)
- 1x Bauchtasche 105
- 4x (2x) Flügelärmel 103
- 1x Aufsatztasche 113

SCHNITTTEIL ÜBERSICHT

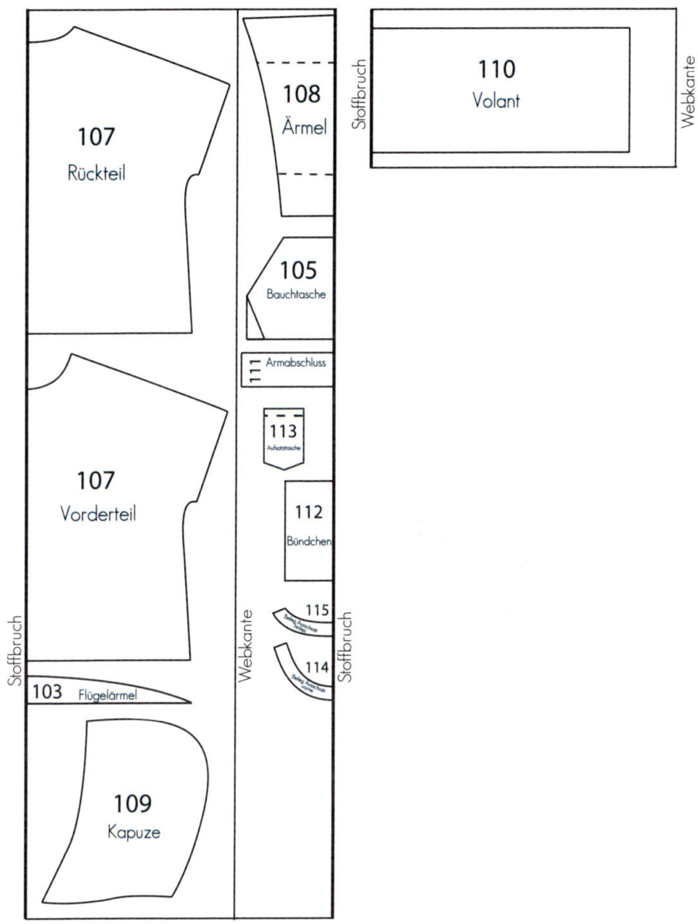

NÄHEN

1 Wie beim Shirt Lilac bzw. Hoodie Clover verfahren und statt zu säumen, die Rüsche wie folgt nähen:

2 Die zwei Rüschenteile rechts auf rechts legen und jeweils die kurzen Kanten zusammennähen.

3 Nun muss die Rüsche auf die Weite der unteren Kante des Oberteils gerafft werden.

4 Anschließend die Rüsche rechts auf rechts an das Oberteil stecken und nähen.

5 Die Saumzugabe des Volants umklappen, bügeln, fixieren und absteppen.

BEACHTE für die optionalen Add-ons die Basic-Anleitungen auf Seite 12–17.

VARIANTEN

2

3a

3b

4

5

TULIP

Jacke

Ob offen oder geschlossen, mit dieser Jacke bist du der Hingucker.
Ich beschreibe hier die Variante mit Beleg.
Alternativ kannst du die Jacke auch mit Schrägband versäubern.

ZUSCHNITT

- 2x Vorderteil 11A
- 1x Rückteil 11B
- 2x Ärmel 11C
- 4x Kapuze 11D
- 2x Beleg vorne 11E
- 1x Beleg hinten 11F
- 1x Beleg hinten unten 11G

SCHNITTTEIL ÜBERSICHT

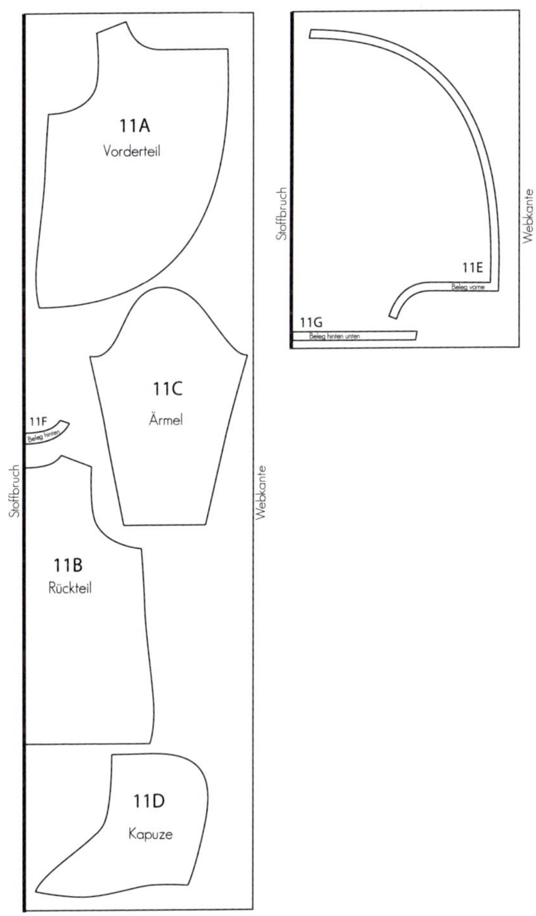

NÄHEN

1 Zuerst ein Vorderteil rechts auf rechts auf das Rückteil legen und die Schulternaht schließen.

2 Das zweite Vorderteil auf das Rückteil legen und auch diese Schulternaht schließen.

3 Nun die Vorderteile hochklappen. Einen Ärmel – von der Schulternaht ausgehend – rechts auf rechts an einen Ärmelausschnitt stecken und dann festnähen. Am anderen Ärmelausschnitt den Vorgang wiederholen.

4 Vorderteil und Rückteil wieder rechts auf rechts legen, die Ärmel an den langen Kanten rechts auf rechts legen. Die Seitennaht und die Ärmelkante jeweils in einer durchgehenden Naht schließen.

5 Die Teile für die Außenkapuze rechts auf rechts legen und entlang der Oberkopfkante zusammennähen. Genauso mit der Innenkapuze verfahren.

6 Nun die Außenkapuze und Innenkapuze rechts auf rechts zusammenstecken und die vorderen Kanten zusammennähen.

7 Kapuze wenden, Innenkapuze links auf links in die Außenkapuze stecken und die vordere Kante im Nahtbruch flach bügeln. Die vordere Kante fixieren und absteppen. Die Kapuze von der Mitte ausgehend, rechts auf rechts, an den Halsausschnitt stecken und annähen.

8 Die Belege an den kurzen Kanten rechts auf rechts stecken (einmal der Beleg hinten und die zwei Belege vorne, sowie den Beleg hinten unten mit den zwei Belegen für vorne) und zusammennähen.
Tipp: Bei elastischen Stoffen nicht zwingend notwendig, aber liegt besser an: Die Innenkanten der Belege versäubern.

9 Nun den Beleg komplett rundum an die Außenkante der Jacke stecken (rechts auf rechts) und festnähen.

10 Danach den Beleg links auf links umklappen, bügeln und rundum feststeppen. Dabei entlang der inneren Kante des Beleges steppen, damit er später nicht aufklappt.

11 Die Ärmel säumen, indem du die Saumzugabe nach innen klappst und feststeppst. Alternativ Bündchen annähen, wenn du den Ärmel dementsprechend gekürzt hast.

12 Die Jacke kann offen getragen oder mit einem Verschluss versehen werden: Knöpfe, Druckknöpfe oder Mantelverschlüsse eigenen sich dafür gut. Das innenliegende Vorderteil kann mit einem Druckknopf am außenliegenden Vorderteil befestigt werden oder alternativ kannst du für einen Knopf eine kleine Schlaufe innen an der Schulternaht befestigen. Am besten die Jacke anprobieren und dann die Verschlussposition bestimmen.

VARIANTEN

1

2

3a

3b

4

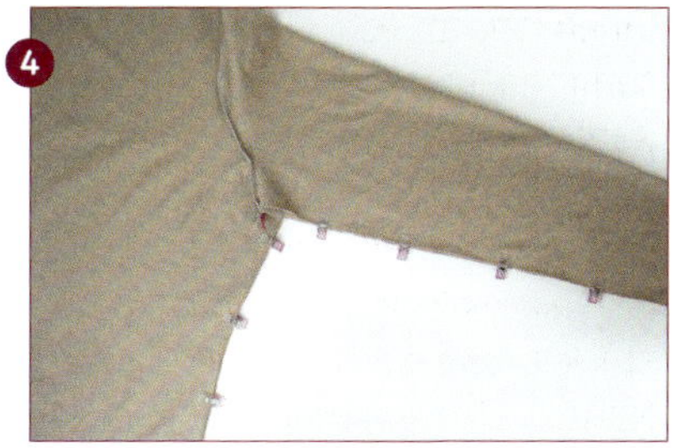

5

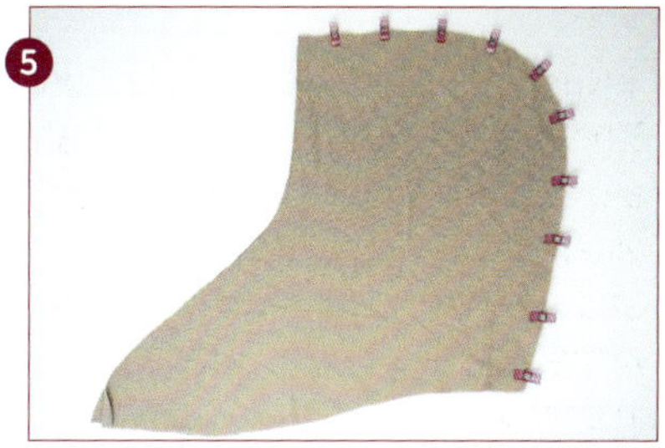

6

7a

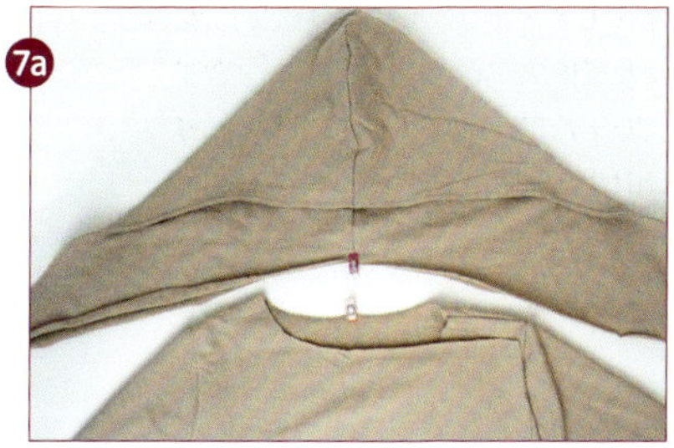

7b

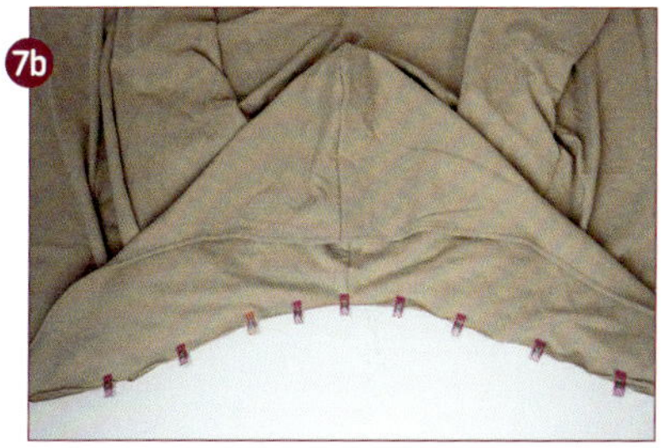

8

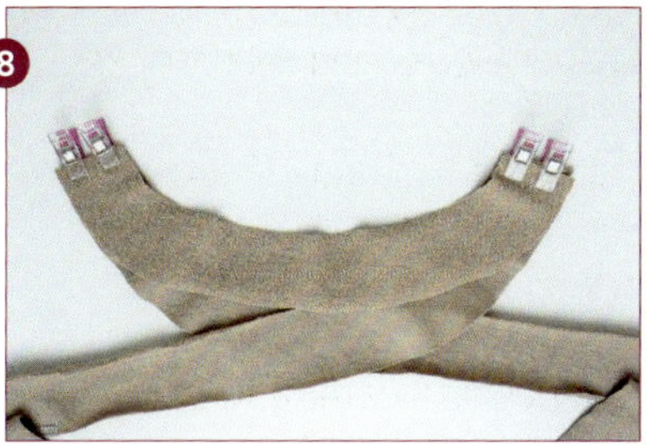

9

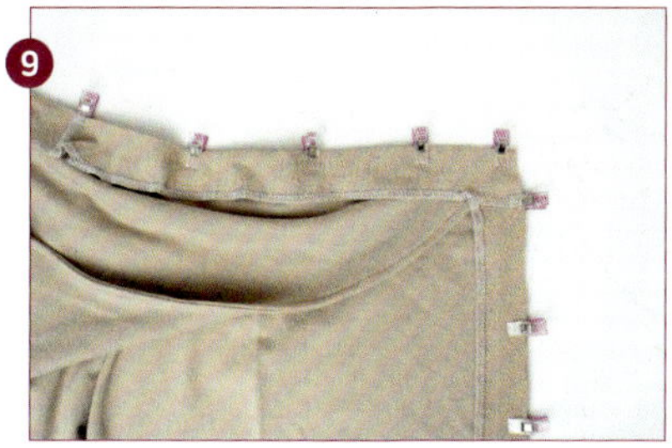

10

11

12

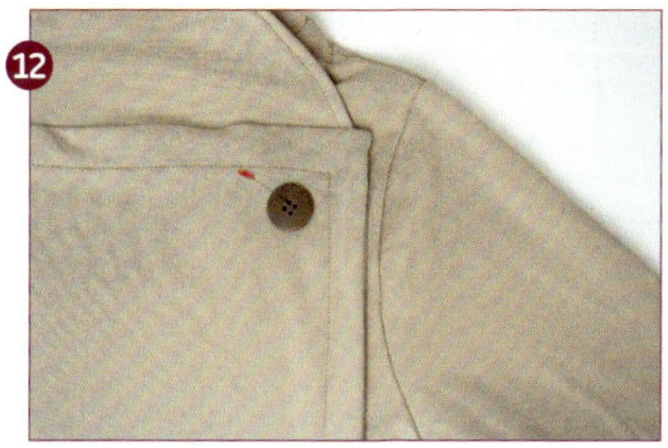

PROBENÄHERINNEN UND BLOGGER

Jennifer Becker

Fotos Seite 41, 56

Ich bin Jenny, 31 Jahre alt und nähe seit 7 Jahren mit viel Leidenschaft für meine Familie und mich. Beim Nähen liebe ich es besonders, mich durch die Kombination von Farben und Mustern sowie das Schaffen kleiner Details kreativ auszutoben und Unikate zu erstellen, die man so nirgends kaufen kann. Die Schnitte von Jessy Sewing passen perfekt zu uns, weil es tolle Alltags-Basics sind, die gleichzeitig durch ihre Vielseitigkeit bestechen und mit jedem Projekt neu erfunden werden können. Mein Lieblingsschnitt aus diesem Buch ist das Kleid mit gerafftem Rockteil und Rüsche.
Facebook: Becjart *Instagram:* becjart.diy

Maria Busse

Fotos Seiten 47, 63

Hi, ich bin Maria, 31 Jahre jung und wohne mit meiner Familie im schönen Mecklenburg-Vorpommern. Der ständige Drang, Neues zu lernen und Eigenes zu erschaffen, hat mich vor 6 Jahren zum Nähen gebracht. Youtube und meine Schwester haben mir das Wichtigste gezeigt, um mittlerweile fast alles in meinem Kleiderschrank selbst zu nähen. Die liebe Jessy darf ich nun schon seit fast einem Jahr beim Probenähen unterstützen. Ich liebe ihre Schnitte sehr. Sie sitzen super und jeder einzelne Schnitt bietet so viele Möglichkeiten, um etwas ganz Individuelles zu erschaffen.
Facebook: Maria Bu *Instagram:* Paula.bu

Anja Grimmler

Fotos Seiten 23, 34, 80

Hallo, ich bin Anja, 37 Jahre, von „Mariechen & Schnupp", und zu mir gehören noch Kind, Mann, Haus & Garten, ein paar Tiere, der Job als Krankenschwester – und zum Ausgleich dafür brauche ich das Nähen. Ich liebe die vielen Möglichkeiten, kreativ zu werden und die Herausforderungen, die dieses Hobby mit sich bringt. Aus diesem Buch mag ich aufgrund der Vielseitigkeit vor allem das Kleid sehr gerne. Vom schlichten Jerseykleid bis zur Rüschenlady – und das alles mit einem Schnitt.
Facebook: **mariechenundschnupp** *Instagram:* **mariechen_und_schnupp**

Constanze Hildebrandt

Fotos Seiten 68, 80

Hallo, ich bin Conny und nähe seit über 5 Jahren unter dem Label „die graue Maus". Handwerk – das war schon immer meine Stärke! Während andere Mädchen malten oder mit Puppen spielten, war ich mit Opa und Oma in der Werkstatt oder an der Nähmaschine. Mit der dritten Schwangerschaft packte mich wieder das Näh-Fieber. Ich wollte gern etwas fürs Baby nähen. Mittlerweile benähe ich die gesamte Familie. Das größte Kompliment ist es, angesprochen zu werden, wo man die tolle Kleidung kaufen kann. Ich begleite Jessy von Beginn an und freue mich so sehr über diesen Herzensmenschen in meinem Leben.
Facebook: **die graue maus** *Instagram:* **die graue maus**

Franziska Kais

Fotos Seiten 41, 69, 74, 75

Mein Name ist Franzi und ich lebe zusammen mit meinem Mann und meinen zwei Kindern südlich von Leipzig. Mittlerweile nähe ich seit fünf Jahren für meine Familie und mich. Aus einem einfachen Hobby ist eine Leidenschaft geworden. Ich liebe es, die fertigen Nähwerke meinen Lieben oder mir überzuziehen. Dieses „Das habe ich geschaffen"-Gefühl ist für mich unbeschreiblich. Mein liebster Schnitt aus diesem Buch ist der Hoodie mit überschnittenen Schultern und Flügelchen.
Facebook: **kaiserlich2717** *Instagram:* **kaiserlich2717**

Diana Köbe

Fotos Seite 46, 63, 68

Ich bin Diana, habe 3 Kinder und einen tollen Mann. Zum Nähen bin ich durch meine erste Tochter gekommen und seitdem gehören die Nähmaschine sowie das Stoffe und Schnittmuster sammeln zu meinen großen Hobbys. Unter dem Namen „HoiHo" zeige ich meine Werke auf Facebook. Die Zusammenarbeit mit Jessy und ihren 1000 Ideen macht riesigen Spaß und begleitet mich nun auch schon über 2 Jahre, Modelle nach ihren Schnitten hängen hier in allen Schränken.
Facebook: **HoiHo**

Jessica Nienaß

Fotos Seite 13, 17, 29, 33

Ich bin Jessi, 38 Jahre alt, verheiratet, 3-fache Mama aus der Hansestadt Lübeck. Sozusagen Chefin eines Familienunternehmens und das Nähen ist mein Anker. Ich nähe, weil ich bin. Also bin ich. Oder so ... Viele Sachen vereinen sich dabei: Kreativität, Entspannung, Nachhaltigkeit und Zufriedenheit, etwas selbst geschafft zu haben. Mein Label „Neverwetdesigns" entstand in Anlehnung an meinen Nachnamen.
Facebook: **Neverwetdesigns** *Instagram:* **Neverwetdesigns**

Patricia Pfretzschner

Fotos Seiten 18, 80

Vor über 7 Jahren habe ich mir meine erste Nähmaschine gekauft. Mit viel Euphorie und Willenskraft entstand das erste Teil ... für die Tonne. Aufgeben wollte ich aber nicht und versuchte es weiter. Mit Erfolg. Anfangs nähte ich ausschließlich für die Kinder, seit 5 Jahren nun sehr intensiv für mich selbst. Was ich dabei liebe? Das Gefühl, etwas entstehen zu lassen, die grenzenlose Freiheit in der Umsetzung und das Handwerk als solches. Jessys Schnitte sind extrem wandelbar. Schlichte Basics sind möglich, man kann sich aber auch ganz wunderbar austoben und seiner Kreativität freien Lauf lassen.
Facebook: **Sewing Lookbook** *Instagram:* **Patricia_sewinglookbook**

Caroline Schmid

Fotos Seiten 23, 28, 69

Mein Name ist Caroline. Ich bin 35 Jahre alt und komme aus Niederösterreich. Wie viele andere habe ich durch meine Kinder mit dem Nähen begonnen. Angefangen mit Babypumphosen und Beanies, über Shirts und Shorts für meinen Mann bis hin zu Kleidung für mich. Das Nähen der Kleidung ist mein Ausgleich zum Alltag und ich liebe es, mir Unikate anzufertigen. Meine fertigen Kleidungsstücke zeige ich gerne auf meinem Blog. Die Schnitte von Jessy Sewing kann ich wärmstens weiterempfehlen, weil sie tolle Basics mit vielen Varianten sind.
Facebook: **CaroLine voll VerzwirnT** *Instagram:* **caroline_voll_verzwirnt**

Erna Schmidbauer

Fotos Seiten 52, 57, 63

Servus, ich bin Erna und Nähen gehört schon immer in mein Leben. Ich habe als Kind schon meine Puppenkleider selbst genäht und dann eine Ausbildung zur Damenschneiderin gemacht. Seit der Geburt meiner Tochter im Jahr 2016 nähe ich auch viel Kinderkleidung und bin auf den Sozialen Medien unterwegs mit meiner Facebook Seite „Erna's Nähzimmer". Dadurch bin ich auch auf Jessy gestoßen. Gerade für mich, als Genussgröße, sind die Schnitte einfach perfekt. Ich liebe ihre Schnitte.
Facebook: **Erna's Nähzimmer** *Instagram:* **erna.schmidbauer**

Katharina Schönwälder

Fotos Seiten 21, 22, 35, 47, 53, 68

Hallo, ich bin Katharina, Mama von zwei bezaubernden Kindern und komme aus Unterfranken. Vor ca. 5 Jahren hat mich das Nähfieber gepackt und mithilfe meiner Schwiegermama und Youtube habe ich das Nähen gelernt. Für mich ist das Nähen der perfekte Ausgleich zum oft stressigen Alltag und das Zaubern von wundervollen Kleidungsstücken macht einfach richtig viel Spaß. Jessys Schnitte sind genau mein Ding, Basic und wenn man mag, mit Freiheiten zum Austoben. Mein Blog heißt „Katharina näht fürs Wäldchen", weil einfach alle in meiner Familie mehr oder weniger benäht werden.
Facebook: **Katharina näht fürs Wäldchen**
Instagram: **katharina_naehtfuerswaeldchen**

Martina Schweiger

Fotos Seiten 46, 69

Hi, ich wohne mit meinem Mann und unseren 4 Kindern in Augsburg. Die Liebe zum Nähen und Selbermachen gehört schon sehr lange zu meinem Leben. Meine Mutter hat mir alles beigebracht und mir auch das unglaublich tolle Gefühl vermittelt, wie wunderbar es ist, etwas eigenhändig zu erschaffen. Inzwischen ist das Shoppen nur mehr eine Ideenfindung für das nächste Nähprojekt. Besonders schön finde ich, dass auch meine Kinder meine kreative Ader in der ein oder anderen Form geerbt zu haben scheinen.
Facebook: **Frollein Schweiger** *Instagram:* **frolleinschweiger**

Julia Scriba

Fotos Seiten 23, 34, 42, 45, 75

Hallo ich bin Julia, 41 Jahre alt und nähe seit 5 Jahren. Als Näherin im Plus Size-Bereich lege ich großen Wert auf eine gute Passform, die bei gekauften Teilen leider oft nicht gegeben ist. Deswegen bin ich sehr froh über die Jessy Sewing Schnitte, die noch dazu sehr figurschmeichelnd und abwechslungsreich sind, und kann diese nur weiterempfehlen.
Facebook: **Stofftraum** *Instagram:* **julysstofftraum**

Katharina Senft

Fotos Seiten 29, 53, 54

„Eifelliebe" – hier ist der Name Programm und etwas Besseres ist mir nicht eingefallen. Ich bin Kathi, 35 Jahre alt und nähe jetzt leidenschaftlich seit 4 Jahren. Mittlerweile am liebsten für mich. Auf dem Weg dorthin habe ich die Kleiderschränke der Kinder gefüllt. Mir gefällt der Ausgleich und die Selbstbestimmung beim Nähen.
Facebook: **Eifelliebe** *Instagram:* **Eifelliebe.4**

Marianna Seyfried

Fotos Seiten 17, 41, 62

Hi, ich bin Mari, ich bin 36 Jahre alt und lebe mit meinem Mann und unseren beiden Kindern am Niederrhein. Zum Nähen bin ich schon in der Schulzeit gekommen. Meine Mama hat mich schon früh an ihre Nähmaschine gelassen. Heute ist das Nähen die perfekte Möglichkeit, Ordnung in meinem Kopf und Chaos in meinem Nähzimmer zu schaffen. Ich liebe das Nähen als Ausgleich zum Alltag. Die Möglichkeit, mich kreativ auszutoben und das Ergebnis nachher tragen zu können, macht mich glücklich. Die Schnitte von Jessy Sewing bieten so viele Möglichkeiten und machen mir deshalb super viel Spaß.

Facebook: LieblinXwerk *Instagram:* LieblinXwerk

Trienke Tiedemann

Fotos Seiten 11, 22, 52, 62

Ich bin Trienke, 36 Jahre alt, wohne im schönen Schleswig-Holstein und bin Mama von zwei Töchtern. Ich nähe seit 6 Jahren leidenschaftlich gerne für die beiden und mich! Individuell angepasste Kleidung, den eigenen Vorlieben entsprechend, ist für mich der ganz große Vorteil am Nähen. Außerdem ist es mein Ausgleich zum manchmal doch recht stressigen Alltag, sozusagen ein „Yoga". Ich mag die Schnitte von Jessy unheimlich gerne – tolle Basics mit einer super Passform und ich bin total glücklich, dass ich sie bei diesem tollen Projekt unterstützen durfte!

Facebook: Made by Jellee *Instagram:* made_by_jellee

Karolina Trojok

Fotos Seiten 40, 53, 81

Hey! Ich bin Karolina, 37 Jahre jung und nähe für mich und meine Familie mit viel Leidenschaft und aus Überzeugung. Das Hobby begleitet mich nun seit 4 Jahren und es ist etwas mehr als ein Ausgleich zum Beruf und zum Alltag. Die Freiheit zu haben, wirklich alle möglichen Stoffe und Farben zu kombinieren und sie maßgeschneidert auf den Körper in einzigartige Unikate zu vernähen, macht mir sehr viel Freude und zeigt mir, dass gut sitzende Kleidung kein Ding der Unmöglichkeit ist. Ich liebe es, meinen Kindern die Wünsche zu erfüllen und ihre Lieblingsfarben zu vernähen. So bleibt das Hobby ein fester Bestandteil in meinem Leben.

Facebook: Made by KaMaBa *Instagram:* madebykamaba

Sarah Tropf

Fotos Seiten 29, 34, 51, 62, 81

Hallo! Ich bin Sarah, Jahrgang 1983 und wohne mit Töchterchen und Mann im schönen Baden! Ich nähe eigentlich schon immer ... Da meine Oma und Mama beruflich genäht haben, saß ich schon als Knirps dabei und habe meine Puppen benäht. Später entstanden dann zuerst hauptsächlich Faschingskostüme, doch seit der Schwangerschaft bin ich dem Nähen von Kinderkleidung verfallen. In letzter Zeit nähe ich aber auch immer mehr für mich selbst! Ich liebe Basics, die sich variieren lassen und alltagstauglich sind, da sind die Schnitte von Jessy Sewing perfekt!
Facebook: **Little Droplet** *Instagram:* **littledroplethandmade**

Sonja Weber

Fotos Seiten 28, 74

Auch ich darf mich vorstellen. Sonja, 37 Jahre alt und wohnhaft im ländlichen Niederbayern. Das Nähen begleitet mich seit nunmehr über 20 Jahren und ist fester Bestandteil meines Lebens. Als gelernte und selbstständige Modeschneiderin habe ich täglich aufs Neue das Glück, mich selbst verwirklichen zu können. Die Schnitte von Jessy Sewing kann ich deshalb nur empfehlen. Tolle, einfach Schnitte, die noch dazu sehr vielseitig sind. „Wer sein Hobby zum Beruf macht, muss nie wieder arbeiten."
Facebook: **Die Weberei** *Instagram:* **sonja _von_die_weberei**

Anna Winkler

Foto Seite 52

Ich hänge an der Nadel und brauche täglich meinen Stoff!!! Mein Name ist Anna und was vor 6 Jahren als Hobby begann, entwickelte sich zur Leidenschaft. Ich liebe es, mich kreativ auszutoben und Unikate zu tragen.
Facebook: **elphastyle** *Instagram:* **elphastyle**

Romy Wohlgemuth

Fotos Seiten 28, 35, 40

Hallo, ich bin die Romy von „Frau Wohlgenäht“. Seit 10 Jahren bin ich in der Näh-Szene unterwegs. Angefangen habe ich mit Babykleidung und Tragecover für Babytragen. Danach hat mich das Nähfieber gepackt und ich habe mich an meine ersten Kleidungsstücke für mich selbst gewagt. Zum Glück gibt es ja wunderschöne Stoffe, die meinen Stil unterstreichen und meinen Alltag bunter machen. Das Nähen ist für mich Ausgleich und eine Form von Kreativität. Mein Lieblingsschnitt aus dem Buch ist das Basic- Kleid – mit Stufen und Rüschen.
Facebook: **Frau Wohlgenäht** *Instagram:* **frauwohlgenaeht**

Juliane Zimmermann

Fotos Seiten 35, 40, 81

Hi, ich bin Jule und mein Blog heißt „Its just me Juliane Zimmermann“. Zum Nähen bin ich durch meine Kinder gekommen, sozusagen Gruppenzwang. Nun gehe ich meiner Leidenschaft zu Stoffen, Schnitten, Plot-Dateien und Applikationen seit 5 Jahren nach und ich möchte es nicht missen. Danke Jessy, dass ich Teil deines Teams sein darf.
Facebook: **Its just me Juliane Zimmermann**

JESSY SEWING SCHNITTMUSTER & DESIGN

Wie viele Mamas, bin auch ich über mein erstes Kind zum Nähen gekommen. Meiner Tochter wollte ich unbedingt auch so tolle farbenfrohe Pumphosen nähen. Nach und nach entstanden nicht nur Pumphosen, sondern auch Kleider und Mützen und kurz darauf dann auch Kleidung für mich.

Kinderschnitte mit vielen Variationsmöglichkeiten und guter Passform, sowie coole, lässige Damenmode, die einfach zu nähen ist, konnte ich jedoch nur schwer im Handel finden. Außerdem wollte ich, auch für mich als kurvige Frau, schmeichelhafte Schnittführungen. Dadurch entstand der Drang, es „anders" zu machen und die ersten Schnittmuster für Kinder – und eine kurze Zeit später auch für Damen und Herren – sind entstanden.

Seit 2018 erstelle ich Schnittmuster & Anleitungen in Form von e-Books. Mittlerweile biete ich die beliebtesten Schnitte auch als Papierschnitte an und bin damit schon in einigen Stoffgeschäften vertreten.
Unter **www.jessysewing.de** findest du außerdem Label zum Aufnähen aus eigener Produktion, besonderes Zubehör und Nähhelfer.

Ich lebe mit meinen zwei Kindern und meinem Mann in Wernigerode, im wunderschönen Harz, wo ich 2019 mein eigenes Fotostudio eröffnet habe. Dort darf ich meine zweite große Leidenschaft, die Fotografie, ausleben: viele einmalige Momente für Babys, Kinder und ihre Familien festhalten und sie fotografisch ein Stück weit begleiten.

Facebook: **JessySewing** und **jessyphoto.de**
Instagram: **jessy_sewing** und **jessy_photo**
DIY Facebook Gruppe für Fragen & Inspo: **Nähen mit Jessy Sewing**

DANK
Liebe Probenäherinnen, ohne euch kein Testen der Schnitte, ohne euch kein Buch! Von Herzen Danke für eure Zeit, euer Talent und eure Werke.

Diana und Iris, ich kann gar nicht ausdrücken, wie dankbar ich bin. Ich liebe die unkomplizierte Zusammenarbeit mit euch. Danke, dass ihr all meine Ideen greifbar werden lasst.

Danke an den Christophorus Verlag, der dieses Buch realisiert hat, und ebenfalls an Apfelschick Stoffe & Goldkind-Stoffe, für eure großartige Unterstützung.

Ein ganzes großes Dankeschön geht natürlich auch an meine Familie. Meine beiden Mäuse, ich liebe euch!

IMPRESSUM

Ideen, Texte & Entwürfe: Jessica Reschke
Fotos siehe Fotoverweise auf Seiten 82–89,
alle übrigen Fotos Jessica Reschke
Digitalisierung der Schnitte: Iris Röder, Diana Köbe
Zeichnungen & Lagepläne: Diana Köbe
Verantwortlich: Maria Möllenkamp
Projektmanagement & Lektorat: A. Reuß
Layout & Satz: Elke Mader
Umschlaggestaltung: Irina von Feury
Herstellung: Kathleen Baumann
Printed in Slovakia by Neografia

★★★★★

Sind Sie mit diesem Titel zufrieden? Dann würden wir uns über Ihre Weiterempfehlung freuen. Erzählen Sie es im Freundeskreis, berichten Sie Ihrem Buchhändler oder bewerten Sie beim Onlinekauf. Und wenn Sie Kritik, Korrekturen, Aktualisierungen haben, freuen wir uns über Ihre Nachricht an: Christian Verlag, Postfach 40 02 09, 80702 München oder per E-Mail an lektorat@verlagshaus.de.

Unser komplettes Programm finden Sie unter

www.christophorus-verlag.de

In diesem Buch wird aus Gründen der besseren Lesbarkeit das generische Maskulinum verwendet. Weibliche und anderweitige Geschlechteridentitäten werden dabei ausdrücklich mitgemeint, soweit es für die Aussage erforderlich ist.

Dank
Vielen Dank an die Stoffsponsoren für die wunderschönen Stoffe in diesem Buch:
Alle Musterstoffe:
Apfelschick Stoffe: www.apfelschick.de
Alle Unistoffe:
Goldkind Stoffe: www.goldkind-stoffe.de

Die Deutsche Nationalbibliothek verzeichnet diese Publikation in der Deutschen Nationalbibliografie; detaillierte bibliografische Daten sind im Internet über http://dnb.d-nb.de abrufbar.

in der Christian Verlag GmbH, München
Infanteriestraße 11a
80797 München

ISBN 978-3-8410-6675-6

Kreativ-Service

Sie haben Fragen zu den Büchern und Materialien? Frau Erika Noll ist für Sie da und berät Sie rund um alle Kreativthemen. Rufen Sie an! Wir interessieren uns auch für Ihre eigenen Ideen und Anregungen. Sie erreichen Frau Noll per E-Mail: kreativ-service@c-verlag.de oder Tel.: +49 (0) 89 13 06 99-577.

Besuchen Sie uns im Internet: www.christophorus-verlag.de
& www.selbstgemacht.de

Ebenfalls erhältlich ...

ISBN 978-3-8410-6625-1

ISBN 978-3-8410-6673-2

ISBN 978-3-8410-6597-1

ISBN 978-3-8410-6598-8

ISBN 978-3-8410-6486-8

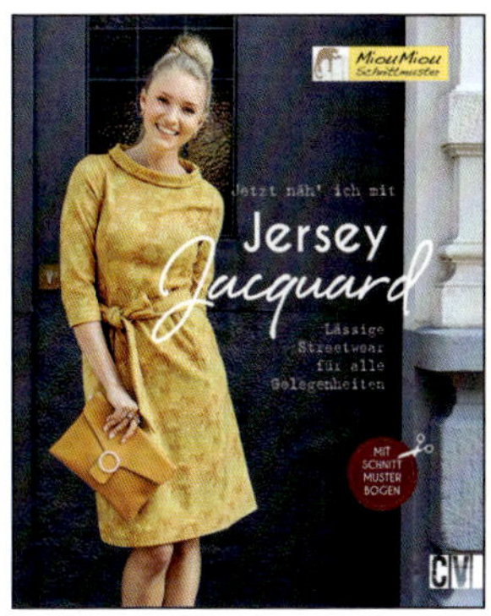

ISBN 978-3-8410-6607-7

www.christophorus-verlag.de